I0109613

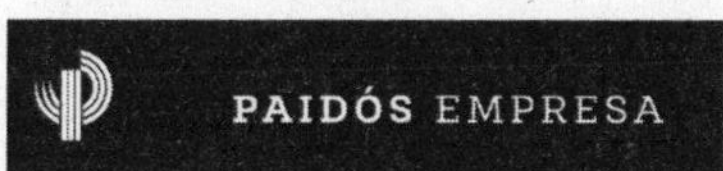
PAIDÓS EMPRESA

Lo que nunca cambia

EN UN MUNDO CAMBIANTE

Lo que

nunca cambia

EN UN MUNDO CAMBIANTE

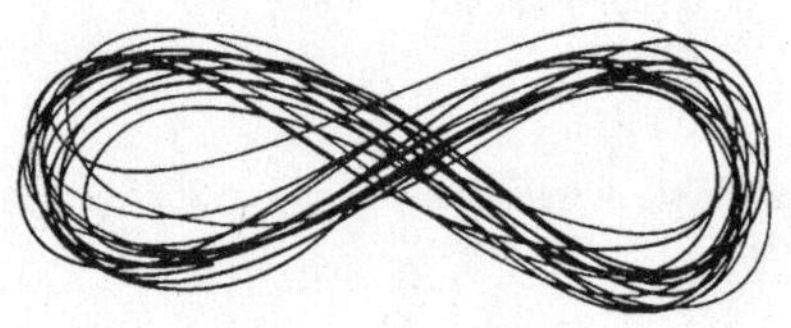

23 lecciones atemporales para nuestra vida personal y financiera

MORGAN HOUSEL

PAIDÓS EMPRESA

Obra editada en colaboración con Editorial Planeta - España

Título original: *Same as Ever. A Guide to What Never Changes*

© Morgan Housel, 2023

Todos los derechos están reservados, incluido el derecho de reproducción total o parcial en cualquier formato.

Esta edición se publica con el acuerdo de Portfolio, un sello de Penguin Publishing Group, una división de Penguin Random House LLC.

© de la traducción del inglés, Arnau Figueras Deulofeu, 2024

Créditos de portada: © Chris Parker
Adaptación de portada: © Genoveva Saavedra / aciditadiseño
Ilustración de portada: © Sumkinn / Istock / Getty Images
Fotografía del autor: © archivo del autor

© 2024, Editorial Planeta, S. A. – Barcelona, España

Derechos reservados

© 2025, Ediciones Culturales Paidós, S.A. de C.V.
Bajo el sello editorial PAIDÓS M.R.
Avenida Presidente Masarik núm. 111,
Piso 2, Polanco V Sección, Miguel Hidalgo
C.P. 11560, Ciudad de México
www.planetadelibros.us

Primera edición impresa en esta presentación: febrero de 2025
ISBN: 978-607-569-891-5

No se permite la reproducción total o parcial de este libro ni su incorporación a un sistema informático, ni su transmisión en cualquier forma o por cualquier medio, sea este electrónico, mecánico, por fotocopia, por grabación u otros métodos, sin el permiso previo y por escrito de los titulares del *copyright.*

Queda expresamente prohibida la utilización o reproducción de este libro o de cualquiera de sus partes con el propósito de entrenar o alimentar sistemas o tecnologías de Inteligencia Artificial (IA).

La infracción de los derechos mencionados puede ser constitutiva de delito contra la propiedad intelectual (Arts. 229 y siguientes de la Ley Federal del Derecho de Autor y Arts. 424 y siguientes del Código Penal Federal).

Si necesita fotocopiar o escanear algún fragmento de esta obra diríjase al CeMPro (Centro Mexicano de Protección y Fomento de los Derechos de Autor, http://www.cempro.org.mx).

Impreso en los talleres de Litográfica Ingramex, S.A. de C.V.
Centeno núm. 162-1, colonia Granjas Esmeralda, Ciudad de México
Impreso en México - *Printed in Mexico*

Para los optimistas razonables

Índice

Nuestra vida es, en efecto, igual que ha sido siempre [...]. Perduran los mismos procesos fisiológicos y psicológicos que han tenido lugar en el hombre durante cientos de miles de años.[1]

CARL JUNG

En todas las épocas, los sabios han dicho siempre lo mismo; y los necios, que en todo momento constituyen la inmensa mayoría, por su parte también han actuado del mismo modo, pero haciendo justo lo contrario.[2]

ARTHUR SCHOPENHAUER

La historia nunca se repite; el hombre se repite siempre.

VOLTAIRE

He descubierto un truco importante: si quieres aprender a prever el futuro tienes que practicar observando el pasado.[3]

JANE MCGONIGAL

Los muertos son más numerosos que los vivos [...] en una proporción de catorce a uno, pero nosotros nos arriesgamos e ignoramos la experiencia acumulada de una mayoría tan enorme de la humanidad.[4]

NIALL FERGUSON

INTRODUCCIÓN
Las pequeñas leyes de la vida

Una vez quedé para comer con un tipo que es amigo de Warren Buffett. A finales de 2009, ese hombre —al que llamaremos Jim (aunque no es su nombre real)— estaba yendo en coche por Omaha, en Nebraska, con Buffett. En ese momento, la economía mundial estaba en horas bajas y Omaha no era una excepción. Había tiendas cerradas y establecimientos tapiados.

Jim le dijo a Warren:

—Qué mal están las cosas... ¿Cómo va a recuperarse de esto la economía?

A lo que Warren contestó:

—Jim, ¿sabes cuáles fueron las chocolatinas más vendidas en 1962?

—No —dijo Jim.

—Los Snickers —respondió Warren—. Y ¿sabes cuáles son las chocolatinas más vendidas hoy?

—No —respondió Jim.

—Los Snickers —dijo Warren.

Luego, silencio. Así terminó la conversación.

Este es un libro de historias breves sobre aquello que nunca cambia en un mundo cambiante.

La historia está llena de sorpresas que nadie podría haber visto venir. Pero también está llena de muchas lecciones imperecederas.

Si viajases en el tiempo al mundo de hace 500 años o al de dentro de 500 años, quedarías asombrado al ver cuánto han cambiado la tecnología y la medicina. No comprenderías el orden geopolítico. Y es probable que las lenguas y los dialectos te fueran completamente extraños.

Pero verías a gente que es víctima de la avaricia y el miedo, al igual que ocurre en nuestro mundo actual.

Verías a personas que actúan impulsadas por el riesgo, la envidia y las afiliaciones tribales de formas que te serían conocidas.

Verías excesos de confianza y actitudes cortoplacistas que te recordarían al comportamiento que tiene la gente hoy en día.

Encontrarías a personas que buscan el secreto de una vida feliz y que intentan hallar certezas, cuando no existe tal cosa, de formas con las que te podrías identificar por completo.

Al transportarte a un mundo desconocido, te pasarías varios minutos observando cómo se comporta la gente y dirías: «Pues mira, esto lo he visto antes. Esto nunca cambia».

El cambio capta nuestra atención porque es sorprendente y emocionante. Pero los comportamientos que nunca cambian son las lecciones más potentes de la historia, porque nos ofrecen un avance de lo que podemos esperar para el futuro. Tu futuro. ¡El futuro de todo el mundo! Da igual quién seas, de dónde seas, qué edad tengas o cuánto dinero ganes: del comportamiento humano pueden extraerse lecciones imperecederas que constituyen algunas de las cosas más importantes que podrás aprender nunca.

Es una idea sencilla, pero muy fácil de pasar por alto. Y, una vez que la entiendas, serás capaz de desentrañar mejor el sentido de tu propia vida y entender por qué el mundo es como es, y estarás más a gusto con lo que te tiene reservado el futuro.

Jeff Bezos, fundador de Amazon, contó una vez que a menudo le preguntan qué va a cambiar en los próximos diez años. «Casi nunca me preguntan: "¿Qué es lo que no va a cambiar en los próximos diez años?" —añadió a continuación—. Pues ya os digo que, en realidad, la segunda pregunta es la más importante de las dos.»[5]

Las cosas que nunca cambian son importantes porque puedes fiarte mucho de cómo van a determinar el futuro. Bezos dijo que es imposible imaginar un futuro en el que los clientes de Amazon no quieran precios bajos y envíos rápidos, así que puede destinar enormes inversiones a estas dos cosas.

La misma filosofía funciona en casi todos los ámbitos de la vida.

Yo no tengo ni idea de cómo se va a comportar el mercado bursátil el año que viene (ni cualquier otro año). Pero tengo mucha confianza en la propensión humana a caer en la avaricia y el miedo, y esto es algo que nunca cambia. Así que dedico mi tiempo a reflexionar sobre ello.

No tengo ni idea de quién va a ganar las próximas elecciones presidenciales. Pero tengo confianza en las formas en que el apego de los ciudadanos a las identidades tribales influye en su forma de pensar, que es la misma hoy que hace mil años y que va a ser igual dentro de mil años.

No sabría decirte qué empresas serán dominantes en la próxima década. Pero sí puedo contarte cómo los dirigentes empresariales dejan que el éxito se les suba a la cabeza, lo que hace que se vuelvan vagos y arrogantes y terminen por perder su ventaja. Esta historia no ha cambiado a lo largo de cientos de años y nunca cambiará.

Los filósofos se han pasado siglos debatiendo sobre la idea de que hay un número infinito de formas en las que podría desarrollarse tu vida y tú solo estás viviendo en esta versión concreta. Esto es una locura cuando lo piensas, y nos lleva a la siguiente pregunta: «¿Qué cosas ocurrirían en cualquier versión imaginable de tu vida, no solo en esta?». Es obvio que esas verdades universales son las cosas más importantes en las que hay que centrarse, porque no dependen de la casualidad, la suerte o algo accidental.

El emprendedor e inversor Naval Ravikant lo expresó así: «Si hay mil universos paralelos, quieres ser rico en 999. No quieres ser rico en los cincuenta en que te enriqueciste por un golpe de suerte, así que quieres evitar el factor suerte [...]. Yo quiero vivir de tal forma que, si mi vida tuviera lugar mil veces, Naval tuviera éxito 999 veces».[6]

De eso va este libro: en caso de haber mil universos paralelos, ¿qué cosas se cumplirían en todos y cada uno de ellos?

Cada uno de los siguientes 23 capítulos puede leerse por separado, así que no pasa nada si te saltas alguno y optas por leer el que te apetezca. Lo que tienen en común es que estoy convencido de que cada uno de esos temas serán tan relevantes dentro de cientos de años como lo eran hace cientos de años.

Ninguno de los capítulos es largo: de nada. Muchos provienen de mi blog en Collaborative Fund, donde escribo sobre la intersección entre dinero, historia y psicología.

El primero trata sobre lo frágil que es el mundo, con una historia personal sobre el día más escalofriante de mi vida.

1

Colgando de un hilo

Cuando sabes de dónde venimos,
te das cuenta de que no tenemos
ni idea de adónde vamos.

Una gran lección que podemos extraer de la historia es darnos cuenta de la gran cantidad de cosas del mundo que cuelgan de un hilo. Algunos de los cambios de mayor importancia y con mayores consecuencias de la historia ocurrieron por un encuentro o una decisión aleatoria, imprevisible e inconsciente que desembocó en algo mágico o caótico.

El autor Tim Urban escribió una vez: «Si viajases atrás en el tiempo hasta antes de tu nacimiento, te daría un miedo terrible hacer cualquier cosa, porque sabrías que hasta los más pequeños empujoncitos hacia el presente pueden tener grandes efectos en el futuro».[7]

Qué verdad tan inquietante.

Ahora déjame que te cuente una historia personal sobre cómo me interesé por esta cuestión.

De pequeño participaba en carreras de esquí en la zona del lago Tahoe. Formaba parte del equipo de esquí de Squaw Valley y ese fue el centro de mi vida durante una década.

Nuestro equipo de esquí estaba formado por una docena de esquiadores. A principios de la primera década del siglo XXI, éramos adolescentes y la mayoría habíamos pasado la mayor parte de nuestra vida juntos. Esquiábamos seis días por semana, diez meses al año, y viajábamos por todo el planeta a dondequiera que pudiéramos encontrar nieve.

Yo no tenía una relación cercana con la mayor parte de mis compañeros; pasábamos demasiado tiempo juntos y nos peleábamos como gatos. Pero cuatro de nosotros nos habíamos hecho amigos inseparables. Esta es la historia de dos de esos amigos: Brendan Allan y Bryan Richmond.

El 15 de febrero de 2001, nuestro equipo acababa de volver de una competición en Colorado. Nuestro vuelo de vuelta iba con retraso porque la zona del lago Tahoe se había visto afectada por una tormenta de nieve extrema incluso para lo que es habitual en esa área.

No puedes hacer carreras de esquí cuando hay una capa de nieve reciente: las carreras requieren que haya hielo duro. Así que se canceló el entrenamiento y Brendan, Bryan y yo nos preparamos para una semana de lo que llamábamos esquí libre: hacer el vago sin ningún propósito, esquiar por ahí y pasarlo bien.

Ese mes, en el lago Tahoe había caído más de un metro de la nieve ligera y blanda que se genera con el aire muy frío. La tormenta que se produjo a mediados de febrero fue distinta. Era cálida —apenas con temperaturas bajo cero— y potente, y dejó casi un metro de nieve pesada y húmeda.

No lo pensamos en ese momento, pero la combinación de nieve pesada encima de nieve blanda crea las condiciones perfectas para una avalancha. Una base ligera de nieve con una capa pesada encima es de lo más frágil y propensa a desprenderse.

Las estaciones de esquí tienen una gran capacidad para proteger a los clientes de los aludes. Cierran las pistas más peligrosas y utilizan explosivos para provocar avalanchas de forma intencionada por la noche, antes de que los clientes lleguen por la mañana.

Sin embargo, si esquías fuera de las pistas —colándote por debajo de las cuerdas donde pone «Prohibido cruzar» para esquiar por un terreno prohibido y virgen—, ese sistema no te ayudará.

La mañana del 21 de febrero de 2001, Brendan, Bryan y yo nos reunimos en el vestuario del equipo de esquí de Squaw Valley, como habíamos hecho cientos de veces. Las últimas palabras de Bryan cuando salió de su casa esa mañana habían sido: «No te preocupes, mamá, no voy a esquiar fuera de pista».

No obstante, en cuanto nos pusimos los esquís, eso es lo que hicimos.

La parte trasera de la estación de Squaw Valley (ahora llamada Palisades Tahoe), detrás del telesilla KT-22, es un área montañosa de cerca de un kilómetro y medio que separa Squaw Valley de la estación de esquí de Alpine Meadows.

Es fantástico esquiar allí: es un terreno escarpado, abierto y ondulante.

Antes de ese 21 de febrero, había esquiado por esa zona una docena de veces. No era uno de nuestros sitios habituales, porque nos quitaba mucho tiempo. Teníamos que tomar una carretera remota, desde donde hacíamos autoestop para volver a los vestuarios.

Brendan, Bryan y yo decidimos esquiar por allí esa mañana.

Recuerdo que, pocos segundos después de colarnos por debajo de las cuerdas que marcan los límites de las pistas, quedamos atrapados en un alud.

Nunca había vivido esa experiencia, pero fue inolvidable. No oí ni vi el desprendimiento. Solo me di cuenta de repente de que mis esquís ya no estaban en contacto con el suelo: estaba literalmente flotando en una nube de nieve. En esas situaciones no tienes control, porque, en vez de estar haciendo presión sobre la nieve para ganar tracción con los esquís, es la nieve la que hace presión sobre ti. Lo mejor que puedes hacer es mantener el equilibrio para permanecer erguido.

La avalancha fue pequeña y se terminó enseguida.

—¿Habéis visto esa avalancha? —recuerdo que les dije cuando llegamos a la carretera.

—¡Ja, ja, ja! ¡Ha sido genial! —dijo Brendan.

No volvimos a mencionar el episodio mientras hacíamos autoestop para volver a los vestuarios.

Cuando llegamos a Squaw, Brendan y Bryan dijeron que querían volver a ir a esquiar a la parte trasera.

No sé por qué, pero yo no quería ir.

Aun así, tuve una idea. Brendan y Bryan podían volver a ir a esquiar a la parte trasera y yo iría a recogerlos en coche para que no tuvieran que regresar haciendo autoestop.

El plan nos pareció bien a todos y cada uno se fue a lo suyo.

Treinta minutos más tarde, recorrí la carretera remota donde tenía que recoger a Brendan y Bryan.

Pero no estaban.

Esperé treinta minutos más, pero al final desistí. Se tardaba cerca de un minuto en bajar esquiando, así que sabía que no iban a venir. Supuse que habían llegado antes que yo y que ya habían vuelto haciendo autoestop.

Regresé a los vestuarios esperando encontrarlos. Pero allí tampoco estaban. Pregunté por ahí. Nadie los había visto.

Horas después, sobre las cuatro de la tarde, la madre de Bryan me llamó a casa. Recuerdo todas sus palabras.

—Hola, Morgan, hoy Bryan no se ha presentado al trabajo. ¿Sabes dónde está? —preguntó.

Yo le conté la verdad.

—Esta mañana hemos esquiado por la parte trasera del KT-22. Brendan y él han querido repetir la bajada, yo tenía que recogerlos en la carretera. Pero, cuando he ido, no estaban, y no los he visto desde entonces.

—Ay, Dios mío... —dijo ella. Y colgó.

La madre de Bryan era una esquiadora experta. Creo que en ese momento ató cabos sobre lo que podía haber pasado. Y yo hice lo mismo.

Pasaban las horas y todo el mundo empezaba a preocuparse.

Al final alguien llamó a la policía y presentó una denuncia por desaparición. Los agentes no se lo tomaron muy en serio y dieron a entender que Brendan y Bryan se habrían escabullido para ir a alguna fiesta.

Yo sabía que eso no era cierto.

—Tienen los zapatos aquí mismo —dije señalando las deportivas de Brendan y Bryan, que estaban en el suelo de los vestuarios—. Eso quiere decir que llevan puestas las botas de esquí. Y ahora son las nueve de la noche. Pensadlo. Son las nueve y llevan puestas las botas de esquí. —Esa fue la primera vez que todo el mundo miró a su alrededor y se dio cuenta de lo mal que pintaba la situación.

Sobre las diez me propusieron ir a la estación de bomberos de Squaw Valley, donde me reuní con el equipo local de búsqueda y rescate.

Les expliqué todo lo que Brendan, Bryan y yo habíamos hecho ese día. El equipo de rescate sacó aquellos mapas gigantes que supongo que hacen desde un helicóptero. Les enseñé con exactitud por dónde habíamos entrado a la zona exterior a las pistas.

Les hablé de la pequeña avalancha que se había producido por la mañana. En cuanto mencioné eso, vi que los bomberos ataban cabos. Recuerdo que, cuando terminé de hablar, dos de los expertos en rescates se miraron el uno al otro y suspiraron.

En medio de la noche, con unos focos gigantes y un equipo de perros rastreadores, los bomberos salieron a buscar a Brendan y Bryan.

Más tarde supe que, en cuanto entraron a la zona exterior a las pistas donde les dije que habíamos esquiado, identificaron las cicatrices recientes de los escombros provocados por un alud. Aquello era enorme, «como si se hubiera partido media montaña», dijo uno.

Volví en coche a los vestuarios hacia medianoche. En el aparcamiento de Squaw Valley caben varios miles de coches. A esa hora estaba casi vacío. Todo el mundo se había ido a casa, salvo dos coches que estaban aparcados el uno junto al otro. Las camionetas de Brendan y Bryan, un Jeep y un Chevrolet.

Intenté dormir en un banco de los vestuarios, pero no pude conciliar el sueño. Recuerdo imaginar que Brendan y Bryan entraban saltando por la puerta y pensé que nos podríamos reír pensando en esa vez que tuve que llamar a la policía para encontrarlos.

A las nueve de la mañana, los vestuarios ya estaban llenos de otros esquiadores, padres, amigos y familia, todos dispuestos a ayudar. Las instalaciones se convirtieron en el campo base de la búsqueda.

Me recosté en el banco y por fin me dormí.

Al cabo de unos minutos, me desperté al oír un llanto, chillidos y alboroto.

Sabía lo que había pasado. No hacía falta que nadie me lo dijese.

Fui a la segunda planta de las instalaciones, donde vi a la madre de Bryan en un sofá. Los llantos eran suyos.

—Lo siento mucho —le dije llorando yo también.

Es muy difícil describir un momento como ese. Entonces no sabía qué más decir. Y ahora tampoco.

Los perros rastreadores habían dado con un punto en el lugar en que se había producido el alud, y utilizando unas varas de sondeo los bomberos habían encontrado a Brendan y Bryan soterrados bajo más de un metro y medio de nieve.

Habían nacido con tan solo un día de diferencia y murieron a tan solo tres metros de distancia.

Ese día fui a ver a mi padre al trabajo. Quería estar con mi familia. Él salió a recibirme al aparcamiento y me dijo:

—Nunca había estado tan contento de verte. —Es la única vez en mi vida en que lo he visto llorar.

No se me había ocurrido hasta ese momento lo cerca que estuve de ir con Brendan y Bryan a ese descenso fatídico.

Luego empecé a preguntarme: ¿por qué bajé esquiando por la parte trasera con ellos la primera vez pero, en cambio, opté por no bajar una segunda vez, una decisión que casi seguro me salvó la vida?

Lo he pensado un millón de veces. Y no tengo ni idea.

De verdad que no tengo ni idea.

No tiene explicación.

No lo medité, no calculé el peligro, no lo consulté con un experto, no sopesé las ventajas y los inconvenientes.

Fue pura suerte, un golpe aleatorio e impensado de pura suerte que se convirtió en la decisión más importante de mi vida, mucho más importante que cualquier decisión que haya tomado o vaya a tomar de forma deliberada.

Esta es mi anécdota personal y quizás tú tienes una parecida sobre tu propia vida. Pero, si te fijas bien, creo que verás que buena parte de la historia del mundo es igual que esta anécdota.

Déjame darte tres ejemplos extravagantes de hasta qué punto el mundo actual depende de unas pocas cosas diminutas que nunca pensarías.

La batalla de Long Island fue una catástrofe para el ejército de George Washington. Sus 10 000 hombres fueron aplastados por los británicos y su flota de 400 naves.

Pero podría haber sido mucho peor. Podría haber supuesto el fin de la guerra de la Independencia.

Lo único que tenían que hacer los británicos era subir navegando por el East River y habrían aniquilado a las tropas acorraladas de Washington.

Pero no lo hicieron, porque el viento no soplaba en la dirección adecuada y les fue imposible navegar río arriba.

El historiador David McCullough contó una vez al periodista Charlie Rose: «Si el viento hubiera soplado en la dirección contraria la noche del 28 de agosto [de 1776], me parece que se habría terminado todo».[8]

—¿Si eso hubiera ocurrido, nunca habrían existido los Estados Unidos de América? —preguntó Rose.

—Yo creo que no —respondió McCullough.

—¿O sea, que la historia cambió solo por culpa del viento? —preguntó Rose.

—Sin lugar a dudas —sentenció McCullough.

Obligado a ahorrar dinero, el capitán William Turner cerró la cuarta sala de calderas de su gigantesco barco de vapor para su travesía de Nueva York a Liverpool.[9] La decisión ralentizaría el trayecto del barco un día: era una molestia, pero merecía la pena, ya que el sector del transporte marítimo de pasajeros pasaba dificultades económicas.

Poco se imaginaban él ni nadie más lo catastrófica que sería aquella decisión.

El retraso supuso que el barco de Turner, el *Lusitania*, ahora navegara directo hacia la trayectoria de un submarino alemán.

Un torpedo se estrelló contra el *Lusitania*, mató a casi doscientos pasajeros y fue el principal desencadenante para reunir apoyo público para que Estados Unidos entrase en la Primera Guerra Mundial.

Si la cuarta sala de calderas hubiera estado operativa, Turner habría llegado a Liverpool un día antes de que el submarino alemán hubiera siquiera entrado en el mar Céltico, donde se cruzó en el camino del *Lusitania*. Es probable que el barco se hubiese librado del ataque. Tal vez un país habría esquivado una guerra que se convirtió en el acontecimiento que dio comienzo al resto del siglo XX.

Giuseppe Zangara era muy bajito, medía poco más de un metro y medio. Se subió a una silla en el exterior de un mitin político que se celebraba en Miami en 1933 porque esa era la única forma que tenía de apuntar su rifle hacia el otro extremo de la muchedumbre.

Zangara disparó cinco balas.[10] Una de ellas impactó en el alcalde de Chicago, Anton Cermak, que estaba estrechándole la mano al objetivo que quería alcanzar Zangara. Cermak murió.

El objetivo, Franklin Delano Roosevelt, juró el cargo de presidente de Estados Unidos dos semanas más tarde.[11]

Pocos meses después de su investidura, Roosevelt transformó la economía estadounidense mediante el New Deal. John Nance Garner —quien habría sido presidente si Zangara hubiera acertado— se oponía a la mayor parte del gasto del New Deal, consistente en incurrir en déficit. Casi con total seguridad, él no habría promulgado muchas de aquellas políticas, algunas de las cuales definen la economía actual.

Puedes jugar a este juego todo el día. Cualquier gran historia podría haber salido de otra manera si un par de detallitos insignificantes hubiesen ido en la dirección contraria.

Muchas de las cosas del mundo cuelgan de un hilo.

Algo irónico al repasar la historia es que a menudo sabemos con exactitud cómo termina un acontecimiento, pero no tenemos ni idea de dónde empezó.

Por ejemplo: ¿qué provocó la crisis financiera de 2008?

Pues tienes que entender el mercado hipotecario.

¿Qué caracterizaba el mercado hipotecario? Pues tienes que entender el descenso durante treinta años de los tipos de interés que lo precedió.

¿Qué hizo que los tipos de interés bajasen? Pues tienes que entender la inflación de los años setenta.

¿Qué causó esa inflación? Pues tienes que entender el sistema monetario de los años setenta y los efectos que tuvo la resaca de la guerra de Vietnam.

¿Qué provocó la guerra de Vietnam? Pues tienes que entender el miedo de Occidente al comunismo tras la Segunda Guerra Mundial, etc., y así podríamos seguir eternamente.

Cualquier acontecimiento actual —pequeño o grande— tiene padres, abuelos, bisabuelos, hermanos y primos. Ignorar su árbol genealógico puede empañar tu comprensión de los hechos, pues te da una falsa impresión de por qué ocurrieron las cosas, cuánto podrían durar y en qué circunstancias podrían repetirse. Fijarse en los acontecimientos de manera aislada, sin tomar en consideración sus hondas raíces, ayuda a explicarlo todo, desde por qué es difícil hacer pronósticos hasta por qué la política es cruel.

A la gente le gusta decir: «Para saber adónde vamos, hay que saber de dónde venimos». Pero es más realista admitir que, cuando sabes de dónde venimos, te das cuenta de que no tenemos ni idea de adónde vamos. Al combinarse, los acontecimientos dan lugar a resultados impensables.

Yo intento tener presentes dos cosas en un mundo que es tan vulnerable al cambio y a los accidentes.

Una es destacar la premisa de este libro: basar las predicciones en cómo se comporta la gente en lugar de hacerlo en hechos concretos. Predecir cómo va a ser el mundo dentro de cincuenta años es imposible. Pero predecir que la gente seguirá respondiendo a la avaricia, el miedo, la oportunidad, la explotación, el riesgo, la incertidumbre, las afiliaciones tribales y la persuasión social de la misma forma es algo por lo que apostaría.

Predecir acontecimientos es difícil, porque es fácil omitir la pregunta: «Y luego, ¿qué?».

Decir: «El aumento de los precios de la gasolina hará que la gente use menos el coche» parece lógico.

Pero luego, ¿qué?

Bueno, la gente tiene que usar el coche, así que quizás buscarán vehículos más eficientes en cuanto al uso de combustible. Se quejarán a los políticos, quienes les ofrecerán exenciones fiscales para comprar esos vehículos. Se le pedirá a la OPEP que extraiga más petróleo; los emprendedores del sector energético harán innovaciones. Y la industria petrolera conoce dos velocidades: bums y crisis. Así que es probable que introduzca demasiado petróleo en el mercado. Luego los precios caerán, al tiempo que la gente tendrá vehículos más eficientes. Luego quizás los barrios residenciales se volverán más populares y la gente terminará por conducir aún más que antes.

Así que quién sabe.

Cada acontecimiento crea su propia descendencia, que provoca sus efectos en el mundo a su manera particular. Por eso hacer predicciones es sumamente complicado. La absurdidad de las conexiones pasadas debería hacerte ser humilde al predecir las futuras.

También hay que tener presente que uno debe tener una imaginación más amplia. Sea como sea el mundo actual, y sea obvio lo que lo sea hoy en día, todo puede cambiar mañana por algún accidente insignificante en el que nadie está pensando. Los acontecimientos, como el dinero invertido a un interés compuesto, se multiplican al combinarse. Y la característica fundamental de esa acumulación compuesta es que nunca es intuitivo lo mucho que algo puede crecer a partir de un inicio pequeño.

Y ahora te voy a contar otra vieja historia que demuestra lo fácil que es ignorar los riesgos.

2

El riesgo es lo que no ves

Se nos da muy bien predecir el futuro, salvo cuando hay sorpresas, que suelen ser lo único que importa.

Todo el mundo sabe que a la gente se le da mal predecir el futuro. Pero eso omite un matiz importante: se nos da muy bien predecir el futuro, salvo cuando hay sorpresas, que suelen ser lo único que importa.

El mayor riesgo es siempre lo que nadie ve venir, porque, si nadie lo ve venir, nadie está preparado para ello; y, si nadie está preparado para ello, los daños que provoque se verán amplificados cuando llegue.

A continuación, una breve historia sobre un tipo que aprendió eso por las malas.

Antes de subirse a un cohete para ir al espacio, los astronautas de la NASA hacen test en globos aerostáticos a gran altura.

Un vuelo en globo que tuvo lugar el 4 de mayo de 1961 llevó al estadounidense Victor Prather y a otro piloto hasta los 34 660 metros, rozando el umbral del espacio. El objetivo era probar el nuevo traje espacial de la NASA.

El vuelo fue un éxito. El traje funcionó de maravilla.

Durante el descenso hacia la tierra, Prather abrió la placa frontal del casco cuando estaba a una altitud lo bastante baja para respirar por su cuenta, al parecer para tomar un poco de aire fresco.[12]

Como estaba previsto, aterrizó en el océano, donde un helicóptero tenía que remolcarlo hasta un lugar seguro. Pero hubo un pequeño contratiempo: mientras estaba enganchándose a la cuerda de rescate del helicóptero, Prather se escurrió y cayó al océano.[13]

Eso no tenía por qué ser un gran problema y en el helicóptero de rescate nadie entró en pánico. Estaba previsto que el traje espacial fuera hermético y flotara.

No obstante, como Prather había abierto la placa frontal del casco, ahora estaba expuesto a su entorno. El traje se le llenó de agua a gran velocidad y el piloto murió ahogado.

Piensa en la gran planificación que requiere enviar a alguien al espacio. Hace falta tener mucha pericia y valorar muchas contingencias. Hay que sopesar muchos «y si» y muchos «entonces qué». Miles de expertos repasan todos y cada uno de los detalles. La NASA es probablemente la organización más planificadora que haya existido jamás; no te vas a la Luna cruzando los dedos y esperando que salga lo mejor posible. Todo riesgo imaginable tiene un plan A, un plan B y un plan C.

Pero, incluso en ese caso —a pesar de tanta planificación—, una cosa minúscula que nadie había pensado conduce a la catástrofe.

Como dice el asesor financiero Carl Richards, «el riesgo es lo que queda cuando crees que ya has pensado en todo».[14]

Esta es la verdadera definición de riesgo: lo que queda cuando te has preparado para los riesgos que eres capaz de imaginar.

El riesgo es lo que no ves.

Piensa en todas las grandes noticias que han cambiado el rumbo de la historia: el covid-19, el 11S, Pearl Harbor, la Gran

Depresión. La característica que comparten no es necesariamente que fueran algo espectacular, sino que fueron sorpresas, hechos que no aparecieron en el radar de nadie hasta que sucedieron.

«Después de los bums vienen las crisis» es lo más cerca que podemos estar de tener una ley de la economía. Si repasamos la historia, la calamidad que siguió a los bums de los años veinte, de finales de los noventa del siglo XX y de la primera década del siglo XXI parece más que obvia. Parece inevitable.

Es bien sabido que en octubre de 1929 —en el punto máximo de la burbuja bursátil más loca de la historia y en vísperas de la Gran Depresión— el economista Irving Fisher dijo ante un público que «los precios de las acciones han alcanzado lo que parece ser una fase permanente de valores altos».[15]

Vemos esos comentarios hoy en día y nos reímos. ¿Cómo pudo alguien tan inteligente estar tan ciego ante algo tan inevitable? Si sigues la norma de que cuanto más extremo es el bum, más dura es la crisis, la Gran Depresión debería haber sido obvia.

Pero Fisher era un hombre inteligente. Y no era el único que pensaba así.

Hace años, en una entrevista le pregunté a Robert Shiller —galardonado con el Premio Nobel por sus estudios sobre las burbujas económicas— por la inevitabilidad de la Gran Depresión. Él me respondió:[16]

> Bueno, nadie lo predijo. Cero. Nadie. A ver, sí había, por supuesto, algunos tipos que decían que el mercado bursátil había alcanzados unos valores excesivos. Pero, si te fijas en lo que dijeron, ¿significaba eso que se acercaba una depresión? ¿Una depresión que duraría una década? Eso nadie lo dijo.

> He pedido a historiadores de la economía que me dieran el nombre de alguien que predijera la depresión y no hay ninguno.

Eso se me quedó grabado. Y aquí estamos hoy en día, con la posibilidad de ver la situación en retrospectiva y de saber que el crac posterior a los «felices años veinte» era obvio e inevitable. Pero para quienes lo vivieron —personas que encaraban los años treinta como un futuro aún por descubrir— era todo menos evidente.

Hay dos cosas que permiten explicar algo que parece inevitable, pero que no fue predicho por quienes lo experimentaron en ese momento:

- O bien en esa época todo el mundo estaba cegado por el engaño.
- O bien en la actualidad todo el mundo está engañado por la mirada retrospectiva.

Estamos locos si pensamos que todo se debe a lo primero y nada a lo segundo.

The Economist —una revista que admiro— publica cada enero un pronóstico del año que está empezando. En su número de enero de 2020 no hace ninguna mención al covid-19. En su edición de enero de 2022 no menciona ni una sola vez que Rusia fuera a invadir Ucrania.

Eso no es una crítica: ambos elementos eran imposibles de saber cuando se planificaron los respectivos números de la revista en los meses previos a su publicación.

Pero ahí está la cuestión: las principales noticias, los mayores riesgos, los acontecimientos más trascendentales siempre son lo que no ves venir.

Dicho de otra forma: no es que a veces haya más o menos incertidumbre económica de lo habitual; solo hay cambios en lo ignorante que es la gente ante los riesgos potenciales. Preguntar cuáles son los mayores riesgos es como preguntarte qué esperas que te sorprenda. Si supieras cuál es el mayor riesgo, harías algo al respecto, y hacer algo al respecto rebajaría ese riesgo. Lo que tu imaginación no puede concebir es lo peligroso, por eso el riesgo nunca puede dominarse.

Te prometo que ese será el caso en el futuro. El mayor riesgo y la noticia más importante de los próximos diez años será algo de lo que nadie está hablando hoy. Da igual en qué año estés leyendo este libro, esto seguirá cumpliéndose. Puedo decírtelo con toda confianza, porque se ha cumplido siempre. El hecho de que no puedas verlo venir es justo lo que lo convierte en un riesgo.

Incluso en el caso de algo tan enorme como la Gran Depresión, muchas personas no supieron ver lo que estaba ocurriendo ni siquiera cuando ya había empezado.

La Depresión, como sabemos hoy, empezó en 1929. Pero, cuando se entrevistó a los bien informados miembros de la Liga Económica Nacional en 1930 sobre lo que consideraban que era el mayor problema de Estados Unidos, listaron, por este orden:[17]

1. La administración de justicia
2. La ley seca
3. El desacato de la ley
4. La criminalidad
5. El orden público
6. La paz mundial

Y en decimoctavo puesto..., el desempleo.

Un año más tarde, en 1931 —dos años después de que empezase lo que ahora llamamos la Gran Depresión—, el desempleo había subido hasta el cuarto puesto, por detrás de la ley seca, la justicia y el orden público.

Eso es lo que hizo que la Gran Depresión fuera tan terrible: nadie estaba preparado para aquello porque nadie lo vio venir. Por eso la gente no pudo lidiar con ello en términos financieros (pagando sus deudas) ni mentales (la conmoción y la pena por la pérdida repentina).

Buena parte de esta idea consiste en asimilar lo limitada que puede ser nuestra percepción de lo que está ocurriendo en el mundo.

Franklin Delano Roosevelt miró a su alrededor y se rio entre dientes cuando inauguró su biblioteca presidencial en 1941. Un periodista le preguntó por qué estaba tan alegre. «Pienso en todos los historiadores que vendrán aquí pensando que encontrarán las respuestas a sus preguntas»,[18] dijo.

Hay muchas cosas que no sabemos. Y no solo sobre el futuro, también sobre el pasado.

La historia consiste en tres elementos: 1) lo que se ha fotografiado, 2) lo que alguien puso por escrito o grabó y 3) las palabras pronunciadas por personas a quienes los historiadores y los periodistas quisieron entrevistar y que aceptaron ser entrevistadas.

¿Qué porcentaje de todo lo importante que haya ocurrido nunca entra en una de esas tres categorías? Nadie lo sabe. Pero es un porcentaje diminuto. Y las tres categorías son víctimas de las malas interpretaciones, la parcialidad, el embellecimiento, las mentiras y la memoria selectiva.

Cuando tu percepción de lo que está ocurriendo y ha ocurrido en el mundo es tan limitada, es fácil infravalorar lo que no sabes, qué podría estar ocurriendo ahora mismo y qué podría ir mal que ni siquiera imaginas.

Piensa en un niño feliz que está jugando alegremente con sus juguetes y sonriendo mientras los rayos de sol le acarician el rostro.

En su cabeza todo es maravilloso. Su mundo empieza y termina en sus inmediaciones: mamá está aquí, papá está allí, los juguetes están cerca, tengo el estómago lleno de comida. En sus coordenadas, la vida es perfecta. Tiene toda la información que necesita.

Es mucho mayor aquello de lo que no es consciente. En la mente de un niño de tres años, el concepto de la geopolítica es completamente inimaginable. La idea de que el aumento de los tipos de interés perjudica la economía, o el motivo por el que alguien necesita tener una nómina, o qué es una carrera profesional, o que existe el riesgo de padecer cáncer, son cosas totalmente inconcebibles, no le entran en la cabeza.

El psicólogo Daniel Kahneman dice que «la idea de que lo que no ves podría refutar todo aquello en lo que crees sencillamente no se nos pasa por la cabeza».

Lo fuerte es que los adultos están igual de ciegos ante lo que está sucediendo en el mundo.

Hay un vídeo inquietante de un noticiario local de la ciudad de Nueva York de la mañana del 11 de septiembre de 2001, minutos antes del atentado terrorista. Empieza así: «Buenos días, 18 grados cuando son las ocho de la mañana. Hoy es martes, 11 de septiembre [...]. Hoy va a hacer muy buen día, tiempo soleado durante toda la jornada. Un espléndido día de septiembre. La temperatura por la tarde será de unos 27 grados...».[19]

El riesgo es lo que no pudieron ver venir.

Por definición, no puedes hacer gran cosa al respecto. Es una de esas cosas que son así y punto.

Es imposible hacer planes ante aquello que no puedes imaginar; y, cuanto más piensas que lo has previsto todo, más asombrado vas a quedar cuando ocurra algo que no te habías planteado.

Pero hay dos cosas que pueden llevarte en una dirección más provechosa.

Uno: piensa en el riesgo que implica la forma en que el estado de California afronta los terremotos. En California saben que va a haber un gran seísmo. Pero no tienen ni idea de cuándo, dónde o de qué magnitud será. Los equipos de emergencias están preparados a pesar de que no haya una predicción concreta. Los edificios están diseñados para resistir unos terremotos que podrían no suceder durante un siglo o más. Nassim Taleb dice: «Invierte en preparación, no en pronósticos».[20] Esa es la idea fundamental.

El riesgo es peligroso cuando piensas que requiere un pronóstico concreto para que empieces a prepararte para ello. Es mejor tener la expectativa de que el riesgo va a llegar, aunque no sepas cuándo ni dónde, que depender en exclusiva de los pronósticos, pues casi todos son, o bien absurdos, o sobre cuestiones que ya sabe todo el mundo. Las expectativas y los pronósticos son dos cosas distintas y, en un mundo en el que el riesgo es lo que no ves, las primeras son más valiosas que los segundos.

Dos: date cuenta de que, si solo te preparas para los riesgos que eres capaz de imaginar, nunca estarás preparado para los riesgos que no puedes ver. Así que, en las finanzas personales, la cantidad adecuada de ahorros es la que tienes cuando te da la sensación de que es un poquito demasiado. Te debería parecer excesiva; debería provocarte una leve mueca de dolor.

Y lo mismo vale para el nivel de deuda que crees que deberías asumir: creas lo que creas, la realidad es probablemente un poquito menos. Tu preparación no debería tener sentido en un mundo en el que todos los principales sucesos históricos sonaron absurdos antes de ocurrir.

En la mayoría de las ocasiones, cuando cogen a alguien desprevenido, no es porque no tuviera un plan. A veces son los planificadores más inteligentes del mundo, los que trabajan sin descanso y se plantean todos los escenarios imaginables, quienes terminan fracasando. Hicieron planes para todo aquello para lo que era razonable hacer planes, pero al final los cogió desprevenidos algo que no habían imaginado.

Harry Houdini solía invitar al hombre más fuerte del público a subir al escenario. Luego le pedía que le diera un puñetazo en el estómago lo más fuerte que pudiera.

Houdini era boxeador aficionado y decía a las multitudes que podía resistir el puñetazo de cualquier hombre sin hacer apenas un gesto de dolor. La escena se ajustaba a lo que a la gente le encantaba de sus famosos escapes: la idea de que un cuerpo pudiese vencer a la física.

En 1926, después de un espectáculo, Houdini invitó a un grupo de estudiantes al camerino a conocerlo. Uno de los alumnos, un chico que se llamaba Gordon Whitehead, se le acercó y empezó a darle puñetazos en la barriga sin previo aviso.

Whitehead no pretendía hacerle daño. Pensaba que solo estaba recreando el mismo truco que acababa de verle hacer a Houdini.

Pero Houdini no estaba preparado para que le dieran puñetazos como si estuviera en el escenario. No estaba tensando el plexo solar, manteniendo fija la postura y aguantando la respiración como solía hacer antes del truco. Whitehead lo cogió desprevenido. Houdini le dijo adiós con la mano, con un gesto claro de dolor.

Al día siguiente, Houdini se levantó retorciéndose de dolor.

Tenía una rotura en el apéndice, casi con total seguridad debida a los puñetazos de Whitehead.

Y entonces Harry Houdini murió.

Es probable que fuera la persona con mayor talento de la historia para sobrevivir a grandes riesgos. ¿Atarlo con unas cadenas y echarlo a un río? Ningún problema. ¿Enterrarlo vivo bajo la arena? Ningún problema, podía escapar en pocos segundos. Porque tenía un plan.

Pero ¿unos golpecitos de un estudiante que Houdini no vio venir y para los que no estaba preparado?

Ese era el mayor riesgo.

Lo que no ves venir siempre viene.

Y, a continuación, hablemos de nuestras expectativas y de la tragedia de una vida en la que, aunque casi todo mejora, la felicidad se estanca.

3

Expectativas y realidad

La primera norma de la felicidad es tener expectativas bajas.

Tu felicidad depende más de tus expectativas que de cualquier otra cosa. Así que, en un mundo que por lo general tiende a ir a mejor para la mayoría de la gente, una habilidad importante en la vida es conseguir que tu meta deje de cambiar. Es también una de las más difíciles.

Un argumento habitual de la historia es el siguiente: la situación mejora, aumenta la riqueza, la tecnología trae nuevas posibilidades y la medicina salva vidas. Sube la calidad de vida. Pero entonces las expectativas de la gente aumentan en la misma proporción, o más incluso, porque de esas mejoras también se benefician otras personas de tu alrededor, a cuyas circunstancias estás vinculado. La felicidad no cambia mucho, a pesar de que el mundo ha mejorado.

Pues así ha sido desde siempre. Montesquieu escribió hace 275 años que «si uno solo quisiera ser feliz, podría lograrlo con facilidad; pero queremos ser más felices que los demás, y eso siempre es difícil, pues creemos que los demás son más felices de lo que son».

John D. Rockefeller nunca tuvo ni penicilina, ni crema solar ni ibuprofeno. Pero no podemos decir que un estadounidense con bajos ingresos que disponga de ibuprofeno y crema solar hoy en día debería pensar que está mejor que Rockefeller, porque la mente de las personas no funciona así. Las personas miden su bienestar en relación con la gente de su alrededor, y los lujos se convierten en necesidades en un lapso extraordinariamente corto cuando las personas que te rodean mejoran su situación.

El inversor Charlie Munger una vez señaló que el mundo no lo mueve la avaricia; lo mueve la envidia.

Ahora te voy a enseñar a qué se refiere, y lo haré con una breve historia sobre los años cincuenta.

«El presente y el futuro inmediato pintan asombrosamente bien», empieza el tema de portada de la revista *Life* de enero de 1953.[21]

«El país acaba de vivir lo que ha sido, desde un punto de vista económico, el mejor año de su historia», seguía el artículo. Lo había hecho con «diez años seguidos de plena ocupación, mediante nuevas actitudes de gestión que entienden cada vez más que un trabajador bien pagado, que desempeña sus tareas en unas condiciones saludables y agradables, es un trabajador valioso».[22]

Muchas personas vieron aumentar su riqueza tan deprisa que quedaron desconcertadas. «En los años treinta me preocupaba dónde podía comer», dice la revista citando a un taxista. «Ahora me preocupa dónde aparcar.»

Si esas citas no te sorprenden, es porque muy a menudo los años cincuenta se recuerdan como la edad de oro de la prosperidad de la clase media. Si preguntamos a los estadounidenses cuál fue el mejor momento de su país, los años cincuenta aparecen siempre cerca del primer puesto. ¿En comparación con la actualidad? Son mundos distintos, no pueden compararse. Pero la sensación generalizada es que se estaba mejor entonces.

Por lo común hay una visión nostálgica de cómo era la vida estadounidense típica en los años cincuenta. George Friedman, analista geopolítico, en cierta ocasión la resumió así:[23]

> En los años cincuenta y sesenta, los ingresos medios te permitían vivir con un solo asalariado —por lo general, el marido; la esposa solía hacer de ama de casa— y unos tres hijos. Esos ingresos permitían la compra de una modesta vivienda de construcción en serie, un coche de un modelo reciente y otro más antiguo. Permitían irte de vacaciones en coche a alguna parte y, si ibas con cuidado, también ahorrar un poco.

Esta versión del estilo de vida de los años cincuenta es cierta en el sentido de que la familia estadounidense media en efecto tenía tres hijos y un perro llamado Spot y un marido que sostenía a la familia trabajando en una fábrica, etc.

Sin embargo, la idea de que la familia típica estaba mejor entonces que ahora —de que las familias eran más prósperas y tenían más seguridad, en casi cualquier indicador— es fácil de desmontar.

Los ingresos de la familia media ajustados a la inflación eran de 29 000 dólares en 1955. En 1965 eran de 42 000 dólares.[24] En 2021 eran de 70 784 dólares.[25]

La revista *Life* describía los cincuenta como unos años prósperos de una forma que habría parecido increíble a alguien que viviera en los años veinte. Y lo mismo puede decirse hoy en día: a una familia de los años cincuenta le habría parecido inconcebible que sus nietos ganaran más del doble de lo que ganaban ellos.

Además, el aumento de los ingresos no se ha debido al aumento de las horas de trabajo ni en su totalidad a que las mujeres entrasen en el mundo laboral en cantidades cada vez mayores. Hoy el salario medio por hora ajustado a la inflación es casi un 50 por ciento más alto que en 1955.[26]

Algunas de las preocupaciones económicas actuales habrían desconcertado a una familia de los cincuenta.

El porcentaje de personas que eran propietarias de una vivienda era doce puntos porcentuales menor en 1950 de lo que es hoy.[27]

En promedio, las dimensiones de una casa eran de una tercera parte del hogar medio actual, a pesar de tener más ocupantes.[28]

En 1950, los alimentos se llevaban el 29 por ciento del presupuesto medio de los hogares, frente al 13 por ciento actual.[29]

La mortalidad por accidente laboral era tres veces mayor en esa época que ahora.[30]

¿Ese es el período económico que echamos de menos?

Sí. Y es importante entender por qué.

Ben Ferencz tuvo una infancia dura. Su padre, inmigrante, no hablaba inglés, no podía conseguir trabajo y se instaló en una zona de Nueva York controlada por la mafia italiana, donde la violencia formaba parte de la vida cotidiana.

No obstante, Ferencz contó que nada de eso parecía importar a sus padres. Ellos estaban entusiasmados. Decía al recordar esa época:[31]

> La vida era dura, pero ellos no lo sabían, porque en el lugar de donde venían era aún más dura. Así que fue una mejora, se mire como se mire.

Los Ferencz huyeron de Rumanía para escapar de la persecución de los judíos durante el Holocausto. La familia llegó a Estados Unidos en la cubierta de un barco en pleno invierno, a la intemperie, casi muerta de frío. Años después, Ferencz se hizo abogado y procesó a criminales de guerra nazis durante los juicios de Núremberg, y es una de las personas más felices con las que me he cruzado.

Es impresionante ver hasta qué punto las expectativas pueden alterar cómo interpretamos las circunstancias actuales.

Tengo un amigo que creció en un entorno de pobreza extrema en África. Ahora trabaja en el sector tecnológico en California. Dice que a día de hoy aún alucina cuando toma una comida caliente. Le parece asombroso lo abundante que es la comida en Estados Unidos. Y a mí me parece asombroso eso: que encuentre un placer inmenso en algo en lo que yo nunca me paro a pensar.

En 2007, el *New York Times* entrevistó a Gary Kremen, el fundador de Match.com. En ese momento, Kremen tenía cuarenta y tres años y una fortuna de diez millones de dólares. Eso lo situaba en el 1 por ciento superior de las personas más ricas del país, y probablemente en el 1 por ciento superior del 1 por ciento de las personas más ricas del mundo. No obstante, en Silicon Valley eso lo convertía solo en uno más. «Aquí con diez millones de dólares no eres nadie»,[32] dijo. El periódico escribía: «Trabaja entre sesenta y ochenta horas a la semana porque no cree que tenga dinero suficiente como para relajarse».

No existe algo así como la riqueza objetiva: todo es relativo, y en su mayor parte es relativo a las personas que te rodean. Es la manera que requiere menos esfuerzo para determinar qué te debe la vida y qué deberías esperar de ella. Todo el mundo lo hace. De forma subconsciente o no, todo el mundo mira a su alrededor y dice: «¿Qué tienen las personas que son como yo? ¿Qué hacen? Porque eso es lo que yo debería tener y hacer».

Y eso, creo yo, es una ventana para entender por qué sentimos nostalgia por los años cincuenta, a pesar de que la época actual sea mejor en casi todos los sentidos.

El dinero hace la felicidad de la misma forma en que las drogas dan placer: es algo increíble si se hace bien, peligroso si se usa para enmascarar una debilidad y desastroso si uno nunca tiene suficiente.

Lo que hizo tan únicos los años cincuenta fue la capacidad de la gente de encontrar un equilibrio financiero de una manera que tanto antes como después ha parecido inalcanzable.

La Segunda Guerra Mundial dejó su huella en Estados Unidos desde una perspectiva económica y social. Entre 1942 y 1945, casi todos los sueldos los estipulaba el Consejo Nacional del Trabajo Bélico, que propiciaba una remuneración menos dispar —una brecha menor entre los trabajadores con bajos y altos ingresos— de la que se había dado hasta entonces.

Parte de esa filosofía se mantuvo incluso una vez que se levantaron los controles salariales. La diferencia de ingresos entre clases que existía antes de la guerra se redujo de forma drástica. Algunos años después de la guerra, el historiador Frederick Lewis Allen señaló que los mayores beneficios económicos en términos porcentuales habían sido para las personas con ingresos más bajos, lo cual reducía considerablemente la diferencia entre ricos y pobres.

Si analizas los años cincuenta y preguntas: «¿Qué particularidades hicieron que esos años fueran tan maravillosos?», esta es por lo menos parte de tu respuesta: que la diferencia entre tú y la mayor parte de la gente de tu alrededor no era tan grande.

Eso dio lugar a una época en que era fácil tener tus expectativas controladas, porque pocas personas de tu círculo social vivían muchísimo mejor que tú.

Muchos estadounidenses —aunque no todos— podían mirar a su alrededor y encontrar que no solo llevaban una vida confortable, sino que llevaban una vida que era casi igual de confortable que la de las personas de su entorno con las que se comparaban.

Eso distingue los años cincuenta de otras épocas.

Así pues, los sueldos, bajos en comparación con los actuales, parecían fantásticos porque el resto de las personas también ganaban un sueldo bajo.

Las viviendas, más pequeñas, se veían bonitas porque todo el mundo también vivía en viviendas pequeñas.

La falta de servicios sanitarios era aceptable porque tus vecinos estaban en las mismas circunstancias.

La ropa de segunda mano se consideraba algo aceptable porque todo el mundo la llevaba.

Pasar las vacaciones en un *camping* era suficiente, porque era lo que hacía todo el mundo.

Fue una época moderna en la que no había una gran presión social para incrementar tus expectativas más allá de tus ingresos. El crecimiento económico se acumulaba junto a la felicidad. La gente no solo estaba mejor; se sentía mejor.

Y aquello, por supuesto, duró poco.

A principios de los años ochenta, el espíritu colectivo de posguerra que predominó en los años cincuenta y sesenta dio paso a un crecimiento más estratificado, en el que a muchos les costaba progresar mientras unos pocos se hacían exponencialmente ricos. Los gloriosos estilos de vida de unos pocos inflaron las aspiraciones de la mayoría.

Rockefeller nunca ansió tener ibuprofeno porque no sabía que existía. Pero hoy en día las redes sociales añaden un elemento nuevo, en el que cada habitante del mundo puede ver el estilo de vida —a menudo exagerado, falsificado y retocado— de otras personas. Te comparas con tus iguales a través de una serie de fotos escogidas de los mejores momentos de su vida, donde se embellece lo positivo y se esconde lo negativo. El psicólogo Jonathan Haidt dice que, en realidad, en las redes sociales las personas no se comunican, sino que actúan para los demás. Ves los coches que llevan otras personas, las casas donde viven, los colegios caros a los que van. Hoy la posibilidad de decir «quiero esto, ¿por qué no lo tengo? ¿Por qué esa persona lo tiene y yo no?» es mucho mayor de lo que era hace tan solo algunas generaciones.

A la economía actual se le da bien generar tres cosas: riqueza, la capacidad de presumir de la riqueza y una gran envidia por la riqueza de los demás.

En las últimas décadas se ha vuelto mucho más fácil mirar a tu alrededor y decir: «Tal vez tenga más cosas que antes. Pero, comparado con esa persona de ahí, no creo que me esté yendo tan bien».

Parte de esa envidia es útil, porque decir «quiero lo que ellos tienen» es un potente elemento motivador del progreso.

Sin embargo, ahí está el problema: podemos tener ingresos más altos, más riqueza y casas más grandes, pero todo se ve asfixiado enseguida por unas expectativas infladas.

Eso no quiere decir que los años cincuenta fueran mejores, ni más justos, ni tampoco que deberíamos aspirar a reconstruir el viejo sistema: esa es otra cuestión.

Pero la nostalgia por los años cincuenta es uno de los mejores ejemplos de lo que sucede cuando las expectativas aumentan más deprisa que las circunstancias.

En muchos sentidos, siempre ha sido así y siempre lo será. Verte impulsado por lo que otros tienen y tú no es una característica inevitable de la mayoría de las personas.

También subraya lo importante que puede ser gestionar las expectativas si quieres ser feliz en la vida.

Hay muchos ejemplos de eso que van en contra de la intuición.

El actor Will Smith escribió en su biografía que:[33]

- Ser famoso es fantástico.
- Ser famoso tiene cosas buenas y cosas malas.
- Perder la fama es terrible.

El grado de fama casi no importa. Pasar de ser un don nadie a ser un poco famoso supone una diferencia enorme entre cómo esperabas que sería tu vida y cómo ha terminado siendo. Y lo mismo de bajada, en la otra dirección. Pero ser famoso apenas satisface las expectativas.

La tenista Naomi Osaka declaró que llegó a un punto de su carrera en el que ganar un torneo no le producía alegría. «Siento más bien alivio», dijo.[34]

Harry Truman —un comerciante fracasado, agricultor fracasado, minero del zinc fracasado, obrero del petróleo fracasado y senador atado en corto por unos empresarios locales de Misuri— fue criticado por casi todo el mundo cuando accedió a la presidencia tras la muerte de Franklin Roosevelt. El *Washington Post* publicó: «Estaríamos faltando a la verdad en este grave momento si no admitiéramos la gran disparidad entre la experiencia del señor Truman y las responsabilidades que se le han impuesto». David McCullough escribió: «Para muchos, no solo había caído el mejor de los hombres, sino que el peor de ellos —o, en todo caso, el hombre menos probable— había asumido su cargo».[35] Hoy en día, Truman suele aparecer en las listas que elaboran los historiadores con los diez mejores presidentes de todos los tiempos, a menudo por delante de Roosevelt.

He llegado a la conclusión de que eso se debe, en parte, a que las expectativas sobre las capacidades de Truman eran tan bajas que cualquier habilidad de liderazgo que exhibiera hacía que los ciudadanos alucinasen. Un pequeño éxito era una victoria; un gran éxito parecía un milagro.

Las circunstancias reales no son muy determinantes en todos esos casos. Lo que despierta la emoción es la gran diferencia entre expectativas y realidad.

Cuando lo piensas desde esta perspectiva, te das cuenta del poder de las expectativas. Pueden hacer que un famoso se sienta fatal y que una familia pobre se sienta de maravilla. Es asombroso. Todo el mundo, en todas partes, haga lo que haga, solo quiere cubrir la distancia entre las expectativas y la realidad.

Pero es muy fácil que eso se nos pase por alto.

Peter Kaufman, director ejecutivo de Glenair y una de las personas más inteligentes que te vas a encontrar jamás, escribió una vez:

> Tenemos tendencia a tomar todas las precauciones posibles para proteger nuestras posesiones materiales porque sabemos lo que cuestan. Pero al mismo tiempo desatendemos cosas que son mucho más valiosas, porque no llevan etiquetas que indiquen su precio: puede que no veamos el valor real de cosas como la vista, las relaciones y la libertad, porque en torno a ellas no hay un intercambio de dinero.

Y lo mismo con las expectativas: es fácil ignorarlas, porque su valor no viene en una etiqueta.

Pero tu felicidad depende por completo de las expectativas.

La impresión que tiene tu jefe de tu carrera depende de ellas.

La confianza de los consumidores depende de ellas.

Lo que mueve el mercado bursátil depende de ellas.

Así que ¿por qué les prestamos tan poca atención?

Dedicamos muchos esfuerzos a intentar mejorar nuestros ingresos, habilidades y capacidad de hacer pronósticos sobre el futuro, cosas todas ellas dignas de nuestra atención. Pero, por otro lado, ignoramos casi por completo las expectativas; deberíamos gestionarlas con el mismo esfuerzo que ponemos en cambiar nuestras circunstancias.

Imagina una vida en la que casi todo mejore, pero nunca lo aprecies porque tus expectativas aumentan al mismo ritmo que tus circunstancias. Es aterrador y casi tan malo como un mundo donde nada mejore.

Al preguntarle: «Se te ve muy pero que muy feliz y satisfecho. ¿Cuál es el secreto para ser feliz en la vida?», Charlie Munger, de noventa y ocho años, respondió:[36]

> La primera norma para ser feliz en la vida es tener expectativas bajas. Si tus expectativas no son realistas, vas a estar triste toda tu vida. Hay que tener expectativas razonables y aceptar los resultados de la vida, buenos o malos, a medida que vayan ocurriendo, con cierta dosis de estoicismo.

Mi amigo Brent tiene una teoría sobre el matrimonio relacionada con eso: solo funciona cuando las dos personas quieren ayudar a su cónyuge sin esperar nada a cambio. Si ambos hacéis esto, los dos estaréis agradablemente sorprendidos.

Esos consejos son más fáciles de dar que de seguir. Yo creo que a menudo es complicado distinguir las expectativas elevadas de la motivación. Y tener expectativas bajas te da la sensación de que te estás rindiendo y minimizando tu potencial.

La única solución a esto podría ser reconocer dos cosas.

La primera es el recordatorio constante de que la riqueza y la felicidad son una ecuación con dos partes: lo que tienes y lo que esperas tener o necesitas. Cuando te das cuenta de que cada parte es igual de importante, ves que la atención desproporcionada que prestamos a conseguir más y la atención insignificante que prestamos a la gestión de las expectativas tiene poco sentido, sobre todo porque las expectativas las podemos controlar mucho más.

La otra es entender cómo funciona el juego de las expectativas. Es un juego mental y a menudo una locura angustiosa, pero todos estamos forzados a jugar a este juego, así que deberías conocer sus reglas y estrategias. Funciona así: tú crees que quieres progreso, tanto para ti como para el mundo. Pero, en la mayoría de las ocasiones, en realidad no es eso lo que quieres. Lo que quieres es sentir que hay una diferencia entre las expectativas que tenías y lo que ha pasado de verdad. Y el lado de las expectativas de esta ecuación no solo es importante, sino que a menudo puedes controlarlo más de lo que puedes gestionar tus circunstancias.

Y ahora hablemos de una de las cuestiones más complejas del mundo: la mente humana.

4

Mentes extraordinarias

La gente que reflexiona sobre el mundo de maneras únicas que te gustan también reflexiona sobre el mundo de maneras únicas que no te van a gustar.

Eliud Kipchoge, el mejor corredor de maratones del mundo, estaba encerrado en una sala de espera durante los Juegos Olímpicos de 2021 celebrados en Tokio. Él y otros dos corredores —el belga Bashir Abdi y el neerlandés Abdi Nageeye— estaban esperando para recibir sus medallas olímpicas tras la carrera del maratón, en la que Kipchoge había ganado por segunda vez.[37]

Debido a la logística de la ceremonia de entrega de las medallas, los atletas tenían que permanecer varias horas en una habitación aburrida y repleta de gente sin otra cosa que hacer que esperar allí sentados. Abdi y Nageeye contaron después que hicieron lo que haría cualquier persona: sacaron el móvil, buscaron una red wifi y mataron el tiempo mirando las redes sociales.

Pero Kipchoge no.

Abdi y Nageeye dijeron que él solo estaba allí sentado, con la mirada clavada en la pared, en perfecto silencio y satisfacción.

¡Durante horas!

—No es humano —dijo Abdi bromeando.

¡No es humano!

No piensa, actúa ni se comporta como una persona normal.

Una versión u otra de esta expresión puede usarse para la mayoría de nuestros referentes. Te gustan porque hacen cosas que los demás nunca se plantearían o que ni siquiera comprenden.

Algunas de esas características son fantásticas y deberías admirarlas, quizás incluso intentar imitarlas.

Pero otras, no. ¡Hay muchas que no!

Forma parte de la condición humana que las personas que reflexionan sobre el mundo de maneras únicas que te gustan, casi seguro que también reflexionen sobre el mundo de maneras únicas que no te van a gustar.

Eso es muy fácil de pasar por alto y nos lleva a emitir juicios erróneos sobre a quién deberíamos admirar y qué deberíamos esperar de las personas muy exitosas.

El elemento clave es que en el caso de las mentes únicas hay que aceptar el paquete completo, porque las cosas que hacen bien y que admiramos no pueden separarse de aquellas que no querríamos para nosotros o que detestamos.

Y ahora déjame contarte una breve historia sobre un piloto de combate al que todo el mundo necesitaba, pero que nadie soportaba.

Es probable que John Boyd sea el mejor piloto de combate que haya existido jamás.[38]

Revolucionó su ámbito profesional más que cualquier otra persona antes y después de él. Un manual que escribió, *Aerial Attack Study* [Estudio de los ataques aéreos], incorporaba tantas matemáticas a la ciencia de las maniobras de guerra como las que empleaban los ingenieros para construir los aviones.

Las ideas de Boyd eran sencillas y poderosas. Una de ellas era que lo que suponía una ventaja táctica no era lo rápido o alto que pudiera volar un avión, sino lo rápido que pudiera cambiar de rumbo y empezar a ascender: un descubrimiento que alteró no solo cómo pensaban los pilotos, sino cómo se construían las aeronaves. Boyd era lo más parecido a un sabio del vuelo que se puede ser. Su manual, que escribió con veintitantos años, se convirtió en la guía oficial sobre táctica de los pilotos de combate. Y se sigue utilizando hoy en día.

Boyd es conocido por ser uno de los pensadores más influyentes de la historia militar. Aun así, el *New York Times* lo describió en una ocasión como «virtualmente una antipersona [...] incluso en las Fuerzas Aéreas».[39]

Eso se debe a que Boyd era tan inteligente como maniático.

Era maleducado. Errático. Desobediente. Impaciente. Gritaba a sus superiores para asombro de sus compañeros y una vez casi lo sometieron a un consejo de guerra por prender fuego a unos hangares que no tenían la calefacción adecuada. En las reuniones se mordía los callos de las manos y escupía las pieles muertas a la mesa.

En las Fuerzas Aéreas les encantaban las ideas de Boyd y las necesitaban. Pero no soportaban a Boyd como persona.

La característica definitoria de Boyd era que pensaba en los aviones desde una óptica totalmente distinta a la de los demás pilotos. Como si usara una parte diferente del cerebro y jugase a un juego distinto que cualquier otra persona.

Esa misma personalidad lo hacía indiferente por naturaleza a las costumbres establecidas. Por eso sus superiores, en el mismo informe de rendimiento, se deshacían en elogios por sus contribuciones al tiempo que intentaban impedir que ascendiera.

En un informe se decía: «Este oficial joven y brillante es un pensador original», pero se añadía: «Es un hombre intenso e impaciente que no responde bien a una supervisión minuciosa. Tiene una extrema intolerancia por aquellos que intentan obstaculizar sus proyectos».[40] Mientras Boyd estaba escribiendo su libro definitivo sobre maniobras de combate, dos coroneles le negaron el ascenso.

Al final, Boyd consiguió ascender. Tenía demasiado talento para negárselo. Pero, a lo largo de su carrera, nadie supo qué hacer con él. Fastidió a un montón de gente. Era único en todos los sentidos: bueno, malo, terrible y en ocasiones ilegal.

Una vez, John Maynard Keynes adquirió en una subasta una valiosa colección con documentos originales de Isaac Newton.

Muchos de los textos no los había visto nadie hasta entonces, pues habían estado guardados en la Universidad de Cambridge durante siglos.

Es probable que Newton sea el ser humano más inteligente que haya existido nunca. Pero a Keynes le asombró encontrar que buena parte de los estudios estaban dedicados a la alquimia, la brujería y a tratar de encontrar una pócima para la vida eterna.

Keynes escribió:

> He echado un vistazo a una gran cantidad de esas, por lo menos, cien mil palabras, diría. Es totalmente imposible negar que es del todo mágico y carece por completo de valor científico; y también es imposible no admitir que Newton dedicó años de trabajo a eso.[41]

Me pregunto lo siguiente: ¿fue Newton un genio a pesar de ser un adicto a la magia o el hecho de sentir curiosidad por cosas que parecían imposibles formaba parte de lo que lo hizo ser tan exitoso?

Creo que es imposible saberlo. Pero la idea de que los genios chiflados a veces solo parecen chiflados a secas es casi inevitable.

Hay una escena de la película *Patton* en la que el actor que interpreta al legendario general de la Segunda Guerra Mundial George Patton se reúne con su homólogo ruso después de la guerra. Hablando por medio de una intérprete, el general ruso propone hacer un brindis.

—Dele la enhorabuena al general —dice Patton—, pero hágame el favor de informarle de que me importa un bledo beber con él o con cualquier otro hijo de puta ruso.

La intérprete queda estupefacta y dice que no puede transmitir ese mensaje. Patton insiste.

El general ruso responde a través de la intérprete que él piensa que Patton también es un hijo de puta.

Patton suelta una carcajada histérica, levanta la copa y dice:

—Pues por eso sí que puedo brindar. ¡De un hijo de puta a otro![42]

Eso puede resumir a la perfección cómo operan las personas de gran éxito. Por supuesto que tienen características fuera de lo común. ¡Por eso son exitosas! Y no hay ningún mundo en el que deberíamos asumir que todas esas características fuera de lo común son positivas, respetuosas, adorables o apetecibles.

Algo que hace mucho tiempo que creo y que aparece de forma constante cuando lo buscas, es que las personas que son buenas en algo hasta límites fuera de lo común suelen ser malas hasta límites fuera de lo común en alguna otra cosa. Es como si el cerebro tuviera capacidad para cierta cantidad de conocimientos y emociones, y una habilidad fuera de lo común roba ancho de banda a otras partes de la personalidad de ese ser humano.

Fijémonos en Elon Musk.

¿Qué clase de persona de treinta y dos años cree que puede enfrentarse a General Motors, Ford y la NASA a la vez? ¡Un perfecto maníaco! La clase de persona que piensa que a él las restricciones normales no se le aplican; no de una forma egocéntrica, sino de una forma genuina y en la que cree hasta la médula. Y es también la clase de persona que no les da importancia, por ejemplo, a las convenciones sociales de Twitter.

La mentalidad de alguien que puede invertir una fortuna personal para colonizar Marte no es el tipo de mentalidad que se preocupa por los inconvenientes de la hipérbole. Y la clase de persona que propone hacer de Marte un planeta habitable dejando caer de forma constante bombas atómicas en su atmósfera no es la clase de persona que se preocupa por rebasar los límites de la realidad.[43]

La clase de persona que dice que hay un 99,9999 por ciento de posibilidades de que la humanidad sea una simulación hecha por ordenador no es la clase de persona preocupada por hacer promesas insostenibles a los accionistas.[44]

La clase de persona que promete resolver los problemas de agua en Flint, Míchigan, pocos días después de intentar salvar a un equipo infantil de fútbol tailandés atrapado en una cueva, lo que hizo pocos días después de reconstruir la cadena de montaje del Modelo 3 de Tesla en un cobertizo desmontable, no es la clase de persona que considera una decisión crítica que sus abogados dimitan.

A la gente le encanta la vertiente de genio visionario de Musk, pero la quiere sin la vertiente que opera en su versión distorsionada de la realidad, la que parece decir: «Me importan un bledo vuestras costumbres». Sin embargo, no creo que esas dos cosas puedan separarse. Son las contrapartidas riesgo-recompensa del mismo rasgo de personalidad.

Pues lo mismo en el caso de John Boyd.

Y también en el de Steve Jobs, que era un genio y al mismo tiempo podía ser un monstruo como jefe.

Y lo mismo en el caso de Walt Disney, cuyas ambiciones empujaron todas las empresas que tocó al borde de la quiebra.

El exasesor de seguridad nacional estadounidense McGeorge Bundy le dijo una vez al presidente John F. Kennedy que marcarse el objetivo de intentar ir a la Luna era una locura. Kennedy respondió: «No te presentas a unas presidenciales antes de cumplir cincuenta a menos que tengas ciertas agallas».

Parte de esa idea consiste en darse cuenta de que las personas que son capaces de conseguir logros increíbles a menudo asumen riesgos que pueden salir mal en la misma proporción.

¿Qué clase de persona llega a la cima de una empresa exitosa o de un gran país?

Alguien que es decidido, optimista, que no acepta un no por respuesta y que tiene una confianza inquebrantable en sus propias aptitudes.

¿Qué clase de persona es probable que haga cosas extravagantes, abarque más de lo que puede apretar y desestime riesgos que son de lo más obvios para los demás?

Alguien que es decidido, optimista, que no acepta un no por respuesta y que tiene una confianza inquebrantable en sus propias aptitudes.

Volver a la media es una de las trayectorias más habituales de la historia. Es el rasgo principal de economías, mercados, países, empresas, carreras profesionales. De todo. Esto sucede, en parte, porque los mismos rasgos de personalidad que empujan a las personas hacia la cima también aumentan la probabilidad de que se caigan por el abismo.

Eso se puede aplicar a los países, sobre todo a los imperios. Un país decidido a expandirse conquistando más tierras es improbable que esté gobernado por una persona capaz de decir: «Bien, ya es suficiente. Demos las gracias por lo que tenemos y dejemos de invadir otros países». Seguirán avanzando hasta que encuentren a alguien como ellos. El novelista Stefan Zweig dijo: «En la historia no hay ejemplos de ningún conquistador que haya quedado saciado por sus conquistas», es decir, que ningún conquistador obtiene lo que desea y luego se retira.

Quizás lo más importante de esta cuestión sea comprender mejor a quién deberíamos admirar, sobre todo quién queremos ser y a quién queremos imitar. Naval Ravikant escribió una vez:

> Un día me di cuenta, con respecto a todas aquellas personas de las que tenía celos, que no podía quedarme con pequeños aspectos de su vida. No podía decir: quiero el cuerpo de ese hombre, el dinero de aquella mujer o la personalidad de no sé quién. Tienes que ser esa persona. ¿Realmente quieres ser esa persona, con todas sus reacciones, sus deseos, su familia, su grado de felicidad, sus perspectivas vitales, la imagen que tiene de sí misma? Si no estás dispuesto a quedarte con el lote entero, 24 horas al día, siete días por semana, un intercambio total y absoluto con lo que es esa persona, entonces no tiene ningún sentido que estés celoso.[45]

O quieres la vida de otra persona o no la quieres. Y ambas cosas son igual de poderosas. Solo hay que saber diferenciar entre lo uno y lo otro al buscar referentes.

«Debes poner en duda todas las suposiciones. Si no lo haces, lo que es doctrina el día uno se convierte en dogma para siempre», dijo una vez John Boyd.

Esa es la filosofía por la que siempre serás recordado: para bien o para mal.

Y a continuación, hablemos un poco sobre lo mal que se le dan las matemáticas a la gente.

5

La locura de las cifras

La gente no quiere precisión.
Quiere certeza.

> La causa fundamental de los problemas es que en el mundo moderno los estúpidos son unos engreídos, mientras que los inteligentes están llenos de dudas.
>
> BERTRAND RUSSELL

Un día, Jerry Seinfeld iba en su coche con Jimmy Fallon.

Era un coche viejo, fabricado en los años cincuenta.

—¿Te preocupa que el coche no tenga airbag? —preguntó Fallon.

—No —dijo Seinfeld—. Sé sincero: en toda tu vida, ¿cuántas veces has necesitado un airbag?[46]

Era una broma. Pero qué ejemplo tan perfecto de lo mucho que le cuesta a la gente concebir la probabilidad y la incertidumbre.

Para ayudar a sus alumnos a reflexionar sobre esta cuestión, el profesor de la Universidad de Stanford Ronald Howard les pidió que, al lado de todas las respuestas de los exámenes, escribiesen un porcentaje que indicara la probabilidad de que hubieran respondido correctamente.

Si decías que tenías una confianza de un cien por cien en que tu respuesta era correcta y al final era incorrecta, suspendías todo el examen.

Si decías que tenías un cero por ciento de confianza y tu respuesta resultaba ser correcta, no conseguías ningún punto.

Todos los porcentajes entre esos dos extremos te daban una puntuación ajustada a la confianza.

Nunca he visto una manera mejor de enseñar a la gente que en la vida se trata de gestionar probabilidades. Y qué forma tan maravillosa de darles un susto a los alumnos forzándolos a darse cuenta de las consecuencias de asumir que hay certeza en un mundo lleno de incógnitas.

Un rasgo común del comportamiento humano es el deseo ardiente de tener certezas a pesar de vivir en un mundo incierto y probabilístico.

Entender las matemáticas que hay detrás del riesgo y la incertidumbre en general es complicado: algo que a la gente le ha costado siempre y siempre le costará. El hecho de que algo pueda ser probable y al final no suceder, o improbable y aun así suceder, es una de las trampas más importantes del mundo.

Hay una escena en la película *Zero Dark Thirty* en la que el director de la CIA hace preguntas a un grupo de analistas que afirman haber localizado a Osama bin Laden.

—Ahora voy a ir a hablar con el presidente y lo voy a mirar a los ojos —dice—. Y lo que me gustaría saber, no me vengáis con tonterías, es muy sencillo: ¿está allí o no?

El jefe del equipo dice que hay entre un 60 y un 80 por ciento de probabilidad de que Bin Laden esté en el recinto.

—¿Eso es un sí o un no? —pregunta el director.[47]

La mayoría de las personas entienden que la certeza es algo infrecuente y que lo mejor que podemos hacer es tomar decisiones en las que la probabilidad esté a nuestro favor. Entienden que puedes ser inteligente y terminar equivocándote, o tonto y terminar acertando, porque así es como funcionan la suerte y el riesgo.

Sin embargo, en la práctica pocas personas utilizan la probabilidad en el mundo real, sobre todo al juzgar el éxito de los demás.

Lo que más le importa a la gente es: «¿Acertaste o te equivocaste?».

«¿Eso fue un sí o un no?»

La probabilidad incluye matices y gradaciones. Pero en el mundo real la gente presta atención a los resultados de blanco y negro.

Si has dicho que algo va a ocurrir y luego ocurre, acertaste. Si has dicho que algo ocurriría y no ocurre, te equivocaste. Así piensa la gente, porque eso es lo que requiere menos esfuerzo. Es difícil convencer a los demás —o a uno mismo— de que podría haberse dado un resultado alternativo cuando tienes delante un resultado real y palpable.

El núcleo de esta idea es que las personas piensan que quieren tener una percepción precisa del futuro, pero lo que en verdad desean es certeza.

Es normal querer deshacerse de la dolorosa realidad de no saber lo que va a ocurrir a continuación. Alguien que te dice que hay un 60 por ciento de probabilidades de que se produzca una recesión no te alivia mucho ese dolor. Quizás incluso lo empeora. Pero alguien que dice: «Este año va a haber una recesión» ofrece algo a lo que agarrarse con las dos manos, algo que te da la sensación de que controlas tu futuro.

Después del ataque en el que se mató a Bin Laden, el presidente Obama dijo que la probabilidad de que el líder terrorista estuviera efectivamente en la vivienda que se asaltó era de 50-50.[48] Hace unos años, oí a uno de los soldados que participaron en la misión hablar en un congreso. Dijo que, con independencia de si Bin Laden estaba o no en esa casa, el equipo sentía que la probabilidad de que todos murieran en la misión también era de

50-50. Así pues, aquí tenemos una probabilidad muy alta de que el asalto pudiera acabar en decepción o catástrofe.

No fue así, pero el resultado alternativo no es un mundo al que muchos presten atención.

Pocas veces lo hacemos.

Porque nos cuesta mucho comprender la probabilidad y la incertidumbre.

Un problema relacionado con esto e igual de importante es lo fácil que es subestimar los acontecimientos raros en un mundo tan grande como el nuestro.

Daniel Kahneman dijo una vez: «Los seres humanos no pueden comprender ni las cifras muy grandes ni las muy pequeñas. Nos vendría bien reconocer este hecho».[49]

Evelyn Marie Adams ganó 3,9 millones de dólares en la lotería de Nueva Jersey en 1986. Cuatro meses después, volvió a ganar, esta vez con un premio de 1,4 millones.

—Voy a dejar de jugar —dijo en declaraciones al *New York Times*—. Voy a darle una oportunidad al resto de la gente.[50]

Fue una gran noticia en esa época, porque los expertos en números calcularon que la probabilidad de su doble éxito en el sorteo era de un mareante uno entre 17 billones.

Tres años después, dos matemáticos, Persi Diaconis y Frederick Mosteller, echaron un jarro de agua fría a aquel entusiasmo.

Si una sola persona jugaba a la lotería, la probabilidad de elegir las cifras ganadoras dos veces era, en efecto, de uno entre 17 billones.

No obstante, si cien millones de personas juegan a la lotería semana tras semana —que es el caso de Estados Unidos—, la probabilidad de que alguien gane la lotería dos veces es de hecho bastante buena. Diaconis y Mosteller calcularon que era de uno entre 30.

Esa cifra no apareció en las portadas.

—Con una muestra lo bastante grande, cualquier cosa estrafalaria es propensa a suceder —dijo Mosteller.[51]

A esto se debe, en parte, que el mundo parezca tan loco y que nos dé la sensación de que acontecimientos que parecen de lo más excepcionales tienen lugar con regularidad.

Hay unos 8000 millones de habitantes en este planeta. Así pues, si un acontecimiento tiene una probabilidad de uno entre un millón de suceder todos los días, debería ocurrirles a 8000 personas al día, o suceder 2,9 millones de veces al año, y quizás 250 millones de veces a lo largo de tu vida. Incluso un acontecimiento con una probabilidad de uno entre mil millones será el destino que correrán cientos de miles de personas a lo largo de tu vida. Y, dado el apetito insaciable de los medios de comunicación de publicar titulares impactantes, hay una probabilidad de casi un cien por cien de que te enteres de esos acontecimientos cuando ocurran.

El físico Freeman Dyson contó una vez que lo que a menudo se atribuye a causas sobrenaturales, a la magia o a los milagros, en realidad no son más que matemáticas básicas.

> En la vida de cualquier persona normal, deberían darse milagros a un ritmo de cerca de uno al mes: la demostración de esta ley es sencilla. Durante el tiempo que estamos despiertos y participando de manera activa en nuestras vidas, alrededor de unas ocho horas al día, vemos y oímos cosas que ocurren a un ritmo de un hecho por segundo. Por tanto, el número total de acontecimientos que nos ocurren es de unos 30 000 al día, o de cerca de un millón al mes.[52]

Si la probabilidad de que ocurra un «milagro» es de uno entre un millón, en promedio deberíamos experimentar uno al mes.

La idea de que ocurren cosas increíbles debido a unas estadísticas aburridas es importante, porque se cumple también con las cosas terribles.

Piensa en acontecimientos que ocurren cada cien años. Inundaciones, huracanes, terremotos, crisis financieras, estafas, pandemias, catástrofes políticas, recesiones económicas, etc. Hay muchas cosas terribles que pueden calificarse de acontecimientos de los que ocurren una vez cada cien años.

Decir que un acontecimiento es de los que ocurren cada cien años no significa que suceda cada cien años. Lo que quiere decir es que hay cerca de un 1 por ciento de probabilidades de que ocurra en cualquier año concreto. El porcentaje parece bajo. Pero, cuando hay cientos de acontecimientos distintos e independientes que ocurren una vez cada cien años, ¿cuál es la probabilidad de que uno de ellos suceda en un año determinado?

Pues bastante alta.

Si el año que viene hay una probabilidad de un 1 por ciento de que haya una nueva pandemia catastrófica, un 1 por ciento de que haya una recesión terrible, un 1 por ciento de que haya unas inundaciones devastadoras, un 1 por ciento de que haya una crisis política, etc., la probabilidad de que algo malo ocurra el año que viene —o cualquier año— es... no muy baja.

Siempre ha sido así. Incluso los períodos que recordamos como etapas buenas tuvieron momentos de caos. Los gloriosos años cincuenta fueron, en realidad, una cadena continua de dolor: ajustando las cifras al crecimiento poblacional, más estadounidenses perdieron el trabajo durante la recesión de 1958 de los que lo perdieron durante cualquier mes de la Gran Recesión de 2008. Y lo mismo con los noventa: los recordamos como una década tranquila, pero el sistema financiero mundial casi se desmoronó en 1998, durante el mayor bum de prosperidad que se ha visto nunca.

Lo que es distinto ahora es el tamaño de la economía mundial, que hace incrementar la paleta de las locuras potenciales que podrían acaecer. Cuando ocho mil millones de personas interactúan, la probabilidad de que un estafador, un genio, un terrorista, un idiota, un sabio, un imbécil o un visionario cambien el rumbo del planeta de forma significativa un día determinado está casi garantizada.

A lo largo de la historia han existido cerca de unos cien mil millones de seres humanos. Con una edad media de unos treinta años, los humanos han vivido alrededor de 1200 billones de días. Han ocurrido millones de veces hechos disparatados de esos que tienen una probabilidad de ocurrir de uno entre mil millones.

Sin embargo, el problema es mucho peor ahora de lo que había sido nunca, y casi seguro que va a seguir empeorando.

Frederick Lewis Allen describe cómo los estadounidenses se informaban en el año 1900:

> Hoy en día nos cuesta ser conscientes de lo separadas que vivían las comunidades unas de otras [...]. Hasta cierto punto, un pescador de Maine, un granjero de Ohio y un empresario de Chicago habrían sido capaces de debatir sobre política entre ellos, pero, como no había periódicos que se publicasen a escala nacional, su información se basaría sobre todo en lo que hubieran leído en periódicos locales muy divergentes.[53]

Era más difícil divulgar la información a larga distancia y lo que sucedía en otras partes del país o del mundo sencillamente no era una de tus preocupaciones principales; la información era local porque la vida era local.

La radio cambió eso a lo grande. Conectó a las personas a una fuente común de información.

La televisión lo hizo más aún.

Internet lo llevó al siguiente nivel.

Las redes sociales lo reventaron hasta límites insospechados.

Por lo general, los medios digitales han hecho desaparecer los periódicos locales y le han dado a la información un alcance mundial. Entre 2004 y 2017, en Estados Unidos cerraron 1800 medios de comunicación en papel.[54]

El declive de las noticias locales tiene consecuencias de toda índole. Una a la que no se da mucha importancia es que, cuanto mayor es el alcance de la noticia, mayor es la probabilidad de que sea pesimista.

Hay dos elementos que causan esto:

- Las malas noticias reciben más atención que las buenas porque el pesimismo es seductor y transmite una mayor sensación de urgencia que el optimismo.
- La probabilidad de que una mala noticia —una estafa, un caso de corrupción, una catástrofe— ocurra en tu ciudad en un momento determinado es baja. Cuando amplías tu atención al ámbito nacional, esa probabilidad aumenta. Cuando el alcance es planetario, la probabilidad de que ocurra algo terrible en un momento determinado es de un cien por cien.

Exagerándolo solo un poco: las noticias locales informan sobre torneos de sóftbol; las noticias internacionales informan sobre accidentes de avión y genocidios.

Un investigador clasificó el contenido de las noticias a lo

largo del tiempo y llegó a la conclusión de que los medios de comunicación de todo el mundo se habían vuelto cada vez más pesimistas durante los últimos sesenta años.[55]

Comparemos eso con el pasado. Volvamos de nuevo a Frederick Lewis Allen, que escribe sobre la vida en el año 1900:

> La mayor parte de los estadounidenses tenían menos probabilidades que sus descendientes de estar inquietos por esa sensación aterradora de inseguridad que proviene de verse sacudido por fuerzas —económicas, políticas, internacionales— que escapan a los conocimientos personales. Tenían unos horizontes cercanos.[56]

Tenían unos horizontes cercanos. En la actualidad, nuestros horizontes incluyen cualquier país, cultura, régimen político y economía del planeta.

Eso trae consigo muchísimas cosas buenas.

Pero no debería sorprendernos que nos dé la sensación de que en los últimos años el mundo está sumido en un caos histórico y que seguirá estando así en los años venideros. No es cierto: lo que pasa es que ahora vemos más que nunca las cosas malas que siempre han sucedido,.

En promedio, el mundo se desmorona alrededor de una vez cada diez años: siempre ha sido así y siempre lo será. A veces parece una suerte inmensa o que las malas noticias vuelven a ganar impulso. Pero lo más habitual es que se deba solo a una cuestión puramente matemática. Tropecientos millones de cosas pueden terminar mal, así que es probable que al menos una cause estragos en cualquier momento. Y, dado lo conectados que estamos todos, te vas a enterar de ese suceso.

He aquí algunas cosas que hay que tener presentes en relación con esto.

La gente no quiere precisión. Quiere certeza.

Buena parte de lo que ocurre en el mundo de los pronósticos es un intento de deshacerse de la dolorosa realidad de no saber lo que va a ocurrir a continuación. Cuando te das cuenta de que hacer sentir mejor a la gente es más atractivo que darle cifras útiles, empiezas a ver por qué es infrecuente pensar en probabilidades.

En los años noventa Charlie Munger dio una conferencia titulada *La psicología de los juicios erróneos de los humanos*. Enumeró 25 sesgos que llevan a tomar malas decisiones. Uno es la «tendencia a evitar las dudas», que describió así:

> El cerebro humano está programado con una tendencia a despejar deprisa las dudas al tomar alguna decisión.
>
> Es fácil ver cómo la evolución hizo que los animales, a lo largo de los eones, fueran adoptando esa rápida eliminación de la duda. A fin de cuentas, lo único que sin lugar a dudas es contraproducente para un animal de presa que se ve amenazado por un depredador es dedicar mucho rato a decidir qué hacer.[57]

El profesor Philip Tetlock ha dedicado la mayor parte de su carrera a estudiar a los expertos, autoproclamados o no. Una lección relevante de sus estudios es lo terribles que son muchos expertos al predecir hechos políticos o económicos. Dados esos antecedentes, ¿optará la gente alguna vez por ignorar a los expertos?

—En absoluto —dijo una vez Tetlock—. Necesitamos creer que vivimos en un mundo predecible y controlable, por eso acudimos a personas cuya opinión nos parece autorizada y que prometen satisfacer esa necesidad.[58]

La incapacidad de pronosticar el pasado no tiene efecto alguno en nuestro deseo de pronosticar el futuro. La certeza es algo tan valioso que nunca renunciaremos a ir en busca de ella y la mayoría de las personas no podrían levantarse de la cama por la mañana si fueran sinceras sobre lo incierto que es el futuro.

A menudo pasa demasiado tiempo hasta que una muestra es representativa. Por eso todo el mundo va haciendo suposiciones.

Pongamos que eres un economista de setenta y cinco años. Empezaste tu carrera profesional a los veinticinco. Por tanto, tienes medio siglo de experiencia en la predicción de lo que va ocurrir en la economía. Eres de lo más experimentado que se puede ser.

Pero ¿cuántas recesiones ha habido en los últimos cincuenta años?[59]

Siete.

Solo has podido comprobar tus habilidades en siete ocasiones a lo largo de tu carrera.

Si quieres evaluar como corresponde las habilidades de alguien, deberías comparar decenas, cientos o miles de intentos con respecto a la realidad. Pero hay muchos ámbitos que no generan tantas oportunidades para hacer esas comprobaciones. No es culpa de nadie; es solo que la realidad del mundo real es más caótica que una hoja de cálculo idealizada.

Esa es una peculiaridad importante, porque si alguien dice que hay un 80 por ciento de probabilidades de que se produzca una recesión, la única forma de determinar si tiene razón es comparar decenas o cientos de veces en las que hizo esa misma afirmación y ver si tuvo razón en un 80 por ciento de los casos.

Si no dispones de decenas o cientos de intentos —a veces solo tienes uno o dos—, no tienes forma de saber si alguien que dice que hay un 75 por ciento de probabilidades de que ocurra esto o un 32 por ciento de que ocurra lo otro tiene razón o no. Así que todos vamos haciendo suposiciones (o preferimos escuchar a aquellos que afirman tener certezas).

Distinguir entre una probabilidad desafortunada y la temeridad es complicado cuando el riesgo tiene consecuencias dolorosas. Es más sencillo verlo blanco o negro incluso cuando la probabilidad es evidente.

Mientras estudiaba en la universidad, trabajé de aparcacoches en un hotel. Nuestro equipo aparcaba 10 000 coches al mes. Y teníamos un choque con uno de ellos todos los meses, como un reloj.

A nuestros superiores, aquello les parecía intolerable. Cada mes, en algún momento nos caía una bronca por nuestra temeridad.

No obstante, tener un accidente una de cada 10 000 veces que aparcas está bastante bien. Si coges el coche dos veces al día, tardarás catorce años en aparcar 10 000 veces. Un parachoques abollado cada catorce años es un historial de conducción ante el que tu empresa de seguros ni se va a inmutar.

Pero intenta explicarle eso a tu jefe, que ha tenido que presentar tantos partes de daños que conoce a los trabajadores del seguro por su nombre de pila. No va a ser compasivo contigo. Es mucho más fácil decir: «Chicos, sois una panda de temerarios. O conducís más despacio u os vais a la calle».

Lo mismo sucede en muchos aspectos de la vida. Fijémonos en el mercado bursátil. Puedes explicarle a la gente que el mercado siempre ha sufrido un crac entre cada cinco y siete años.

Pero cada cinco o siete años la gente dice: «Esto está mal, parece que no funciona, mi asesor la ha fastidiado». Ser consciente de la alta probabilidad de que algo ocurra pierde su significado cuando el hecho de que aquello suceda supone un problema. La probabilidad deja de tener importancia.

Lo que hay que evitar siempre son los riesgos catastróficos. Un piloto que tiene un accidente una vez cada 10 000 vuelos es una catástrofe. Pero nuestra dificultad para gestionar la probabilidad y las cifras grandes nos hace tener una sensibilidad excesiva por los riesgos corrientes e inevitables.

Esto nunca cambia.

En el siguiente capítulo, nos detendremos en un hecho poco conocido del discurso más famoso de Martin Luther King Jr. y en el increíble poder de los relatos.

6

La mejor historia gana

Los relatos siempre son más potentes que las estadísticas.

La mejor historia gana.

Ni la mejor idea, ni la idea correcta ni la más racional. Solo el que cuenta la historia que capta la atención de los demás y que hace que sacudan la cabeza en aprobación es la persona que suele llevarse la recompensa.

Las grandes ideas mal explicadas no llegan a ninguna parte, mientras que una idea anticuada o errónea contada de forma convincente puede desatar una revolución. Morgan Freeman puede narrar la lista de la compra y hacer llorar a la gente, mientras que un científico que no se exprese bien podría encontrar la cura de una enfermedad y que nadie le prestara atención.

Hay demasiada información en el mundo para que todos cribemos con calma los datos buscando la respuesta más racional y más correcta. La gente anda atareada y tiene emociones, y una buena historia siempre es más poderosa y convincente que unas estadísticas frías.

Si tienes la respuesta correcta, puede que triunfes o que no.

Si tienes la respuesta incorrecta, pero eres bueno contando historias, es probable que triunfes (durante un tiempo).

Si tienes la respuesta correcta y eres bueno contando historias, casi seguro que vas a triunfar.

Eso se ha cumplido siempre, siempre se cumplirá, y puede verse en muchos aspectos de la historia.

El famoso discurso de Martin Luther King Jr. en el Lincoln Memorial el 28 de agosto de 1963 no se desarrolló como estaba previsto.

Clarence Jones, asesor de King y responsable de escribirle los discursos, redactó un borrador de un discurso entero para King basándose, según él recordaría, en un «resumen de varias ideas de las que habíamos hablado».[60]

Durante los primeros minutos de la alocución, King siguió el guion. En imágenes de vídeo se le ve bajando la mirada constantemente para echar un vistazo a sus notas y leyendo palabra por palabra. «Volved a Georgia, volved a Luisiana, volved a los suburbios y guetos de nuestras ciudades del norte sabiendo que de alguna forma esta situación puede cambiarse y vamos a cambiarla.»[61]

Pero entonces, cuando iba por la mitad del discurso, la cantante de góspel Mahalia Jackson —que estaba a la izquierda de King, quizás a unos tres metros— le gritó:

—¡Háblales del sueño, Martin! ¡Háblales del sueño!

Jones recordaría lo siguiente: «[King] dirige la mirada hacia la mujer en tiempo real, luego toma el texto del discurso escrito y lo desliza hacia la parte izquierda del atril. Agarra el atril y mira a las más de 250 000 personas».[62]

Entonces hay una pausa de seis segundos y luego King levanta la vista al cielo y dice:

> Tengo un sueño. Es un sueño que está profundamente arraigado en el sueño americano.
>
> Tengo el sueño de que un día esta nación se levantará y vivirá el verdadero significado de su credo: «Sostenemos que estas verdades son evidentes, que todos los hombres nacen iguales».
>
> Tengo el sueño de que un día mis cuatro hijos vivirán

en una nación en la que no serán juzgados por el color de su piel, sino por el contenido de su carácter.

¡Hoy tengo un sueño![63]

El resto es historia.

Jones dijo:

—Esa parte del discurso, que es la más aclamada en este país y en todo el mundo, no es el discurso que tenía pensado dar. No era lo que King había preparado. No era lo que él y su asesor suponían que sería el mejor material para ese día.

Pero fue una de las mejores historias jamás contadas, pues despertó emoción y cobró sentido en las cabezas de millones de personas de una forma que cambió la historia.

Las buenas historias tienden a provocar esto. Tienen una capacidad extraordinaria para inspirar y evocar emociones positivas, lo que dirige la atención hacia temas que la gente suele ignorar cuando antes se les han presentado con nada más que hechos.

Mark Twain fue quizás el mejor narrador de la época contemporánea. Cuando editaba sus textos, se los leía en voz alta a su esposa e hijos. Cuando veía que un pasaje los aburría, lo quitaba. Cuando se les abrían los ojos y se inclinaban hacia delante por el interés generado o fruncían el ceño, sabía que iba por el buen camino y le daba más preponderancia a ese fragmento.[64]

Incluso dentro de una buena historia, una expresión o frase potentes pueden hacer buena parte del trabajo. Se suele decir que no recordamos libros; recordamos frases.

C. R. Hallpike es un antropólogo que una vez hizo una reseña de un libro sobre la historia de la humanidad recién publicado y escrito por un joven autor. La reseña decía lo siguiente:

> Sería justo decir que, cuando los hechos expuestos son, en términos generales, correctos, no son nuevos; y cuando el autor se aventura a dar su visión, a menudo se equivoca, a veces gravemente [...]. [No es] una contribución al conocimiento.[65]

Aquí hay dos cosas que hay que señalar.

Una es que el autor, Yuval Noah Harari, ha vendido más de 28 millones de ejemplares, lo que lo convierte en uno de los autores contemporáneos de mayor éxito comercial en cualquier ámbito, y su libro *Sapiens* —el que Hallpike reseñaba en el texto anterior— es uno de los libros sobre antropología más exitosos de todos los tiempos.

La otra es que Harari no parece estar en desacuerdo con la aseveración de Hallpike.

Una vez, Harari dijo esto sobre la escritura de *Sapiens*:

> Pensé: «¡Esto es muy banal!». [...] No contiene absolutamente nada que sea nuevo. No soy arqueólogo. No soy primatólogo. Es decir, no he hecho ninguna investigación nueva [...]. De hecho, [mi trabajo] consistió en leer sobre lo que ya se sabía y presentar aquellos conocimientos de una nueva forma.[66]

Lo que sí tiene *Sapiens* es que es un texto excelente. Y de lo más hermoso. Las historias son cautivadoras, la lectura fluye sin esfuerzo. Harari tomó lo que ya se sabía y lo escribió mejor de lo que nadie lo había hecho hasta entonces.

Como resultado obtuvo una fama mayor de la que nadie antes que él podría haber imaginado. La mejor historia gana.

No es nada de lo que haya que avergonzarse, porque hay muchos éxitos que funcionan de esta forma.

Es probable que la guerra civil estadounidense sea el período mejor documentado de la historia de Estados Unidos. Hay miles de libros que analizan cada ángulo imaginable, que narran todos los detalles habidos y por haber. Pero en 1990 el documental de Ken Burns *The Civil War* se convirtió en un fenómeno de la noche a la mañana, con 40 millones de espectadores, y ganó 40 grandes galardones televisivos y cinematográficos. En 1990, tantos estadounidenses vieron *The Civil War* de Ken Burns como espectadores tuvo la Super Bowl ese año.[67]

Y lo único que hizo Burns —sin minimizarlo, porque es un hito— fue coger información existente desde hacía 130 años y entretejerla para confeccionar una (muy) buena historia.

En una ocasión, Burns describió la que quizás sea la parte más relevante de su proceso narrativo: la música que acompaña las imágenes de sus documentales:

> Tomaba viejos libros de himnos y cancioneros antiguos y le pedía a alguien que los tocara con el piano. Y, cuando alguno me emocionaba, decía: «¡Este!». Y luego íbamos a un estudio con un músico y hacíamos como treinta grabaciones distintas.[68]

Burns dice que, al escribir el guion de un documental, literalmente alarga una frase para que encaje en un cierto ritmo de la música de fondo, o acorta otra para que suceda eso mismo. «La música es Dios —dice—. No es la guinda del pastel. Es el relleno, integrado en medio de la masa.»

Ahora imagínate que eres un historiador de talla mundial que se ha pasado décadas descubriendo información nueva y revolucionaria sobre un asunto importante. ¿Cuánto tiempo dedicas a pensar sobre si una frase concreta de lo que has descubierto encajará en el ritmo de una canción? Probablemente ni un solo segundo. Pues Ken Burns lo hace. Y ese es el motivo por el que a todo el mundo le suena su nombre.

Con el escritor Bill Bryson ocurre lo mismo. Sus libros vuelan de las estanterías, algo que puede sacar de quicio a los académicos poco conocidos que hicieron los hallazgos sobre los que Bryson escribe. Uno de sus libros —*El cuerpo humano. Una guía para ocupantes*— es, básicamente, un manual de anatomía. No contiene información nueva ni ningún descubrimiento. Pero está tan bien escrito —cuenta una historia tan buena— que se convirtió al instante en un éxito de ventas del *New York Times* y fue elegido Libro del Año por el *Washington Post*.

Y de eso hay un montón de ejemplos.

Charles Darwin no fue el primero en descubrir la evolución; él solo escribió el primer y más cautivador libro sobre el tema.

El profesor John Burr Williams tenía unos conocimientos más profundos sobre la valoración de acciones que Benjamin Graham. Pero Graham sabía cómo redactar un buen párrafo, por eso fue él quien se convirtió en una leyenda y vendió millones de libros.

Andrew Carnegie dijo que estaba tan orgulloso de su encanto y de su capacidad para hacer amigos como de su perspicacia empresarial. Elon Musk es tan hábil convenciendo a inversores para que apuesten por proyectos como lo es en el ámbito de la ingeniería.

Todo el mundo conoce la historia del hundimiento del *Titanic*, en el que fallecieron 1500 personas.

Sin embargo, casi nadie menciona nunca el naufragio, en 1948, del ferri de vapor chino *Kiangya*, en el que murieron casi 4000 personas.[69]

O el hundimiento, en 1987, del ferri *Doña Paz*, que se cobró 4345 víctimas.[70]

O el vuelco del *Le Joola*, que supuso la muerte de 1863 personas frente a la costa de Gambia en 2002.[71]

Tal vez el *Titanic* sobresale por el potencial de su relato: los pasajeros ricos y famosos, las crónicas de primera mano de los supervivientes y, claro está, la película posterior, que fue un éxito de taquilla.

La influencia de una buena historia te hace enloquecer si partes de la base de que lo que mueve el mundo son los hechos y la objetividad: si partes de la base de que la mejor idea, o las mejores cifras, o la respuesta correcta ganan. Hay un fiel grupo de críticos de Harari obsesionados con demostrar lo poco original que es su trabajo; Musk es visto con la misma mezcla de confusión y menosprecio.

En un mundo perfecto, la importancia de la información no dependería de la elocuencia de su autor. Pero vivimos en un mundo en el que las personas están aburridas, son impacientes, tienen emociones y necesitan que las cosas complicadas se les destilen en forma de escenas fáciles de comprender.

Si te fijas, creo que identificarás que siempre que se intercambia información —siempre que hay productos, empresas, carreras, política, conocimiento, educación y cultura—, la mejor historia gana.

Una vez, Stephen Hawking contó esto acerca de sus libros de gran éxito sobre física: «Alguien me dijo que cada ecuación que incluyera en el libro reduciría las ventas a la mitad». Los lectores no quieren una conferencia; quieren una historia memorable.

Según la mayoría de los testimonios, Winston Churchill era un político mediocre. Pero era un narrador y orador de primera categoría, un experto en captar la atención de los ciudadanos mediante la motivación y despertando sus emociones: y eso fue lo que marcó la diferencia durante el período en que fue primer ministro.

O fijémonos en el mercado bursátil. La valoración de cualquier empresa es, sencillamente, una cifra de hoy multiplicada por un relato sobre mañana. Algunas empresas son buenísimas contando historias. Durante algunas épocas los inversores quedan cautivados por las ideas más desaforadas de lo que el futuro podría deparar. Si intentas desentrañar hacia qué dirección va a ir algo, tienes que entender algo más que sus posibilidades técnicas. Tienes que entender los relatos que todo el mundo se cuenta a sí mismo sobre esas posibilidades, porque eso es una parte sustancial de la ecuación de los pronósticos.

Quizás nadie domina el arte de la narración mejor que los humoristas. Ellos son los mejores líderes de pensamiento, porque entienden cómo funciona el mundo, pero quieren hacernos reír en lugar de demostrar que son inteligentes. Toman ideas de la psicología, la sociología, la política y cualquier otro ámbito frío y las exprimen para sacar relatos impresionantes. Por eso pueden llenar estadios mientras que un investigador universitario que hace un gran descubrimiento sobre la conducta social puede pasar inadvertido.

Mark Twain dijo: «El humor es una forma de demostrar que eres inteligente sin presumir».[72]

A continuación, algunas ideas sobre las buenas historias que merece la pena recordar:

Cuando una cuestión es compleja, los relatos actúan como una palanca.

Las palancas permiten aprovechar todo el potencial de algo haciendo menos esfuerzo. Los relatos estrujan el potencial de las ideas de la misma forma en que se dice que la deuda estruja el potencial de los activos.

Tratar de explicar algo como la física es difícil si estás manejando hechos y fórmulas. Pero si puedes explicar las cosas —por ejemplo, cómo funciona el fuego— con un relato sobre bolas que bajan rodando por la ladera de una colina y que chocan unas con otras —eso es lo que hacía el físico Richard Feynman, un narrador extraordinario—,[73] puedes explicar algo complejo en segundos sin un gran esfuerzo.

Los relatos no solo sirven para convencer a los demás. También te pueden ayudar. En cierto modo, lo que hacía que Albert Einstein fuera tan talentoso era su imaginación y su capacidad de destilar la complejidad en una escena sencilla en su cabeza. Cuando tenía dieciséis años, empezó a imaginar cómo sería viajar a lomos de un rayo de luz, agarrándose a los lados como si de una alfombra voladora se tratase e intentando averiguar cómo viajaría y se curvaría. Poco después, comenzó a imaginar qué sensaciones tendría nuestro cuerpo si estuviéramos en un ascensor cerrado y viajásemos por el espacio. Contempló la gravedad imaginando bolas de la bolera y bolas de billar compitiendo por el espacio encima de una superficie elástica. Procesaba un manual lleno de información con el esfuerzo del que está soñando despierto.[74]

Ken Burns dijo una vez: «Los relatos habituales son de uno más uno igual a dos. Los pillamos, tienen sentido. Pero los buenos relatos son de uno más uno igual a tres». Ahí está su potencial.

Los relatos más convincentes van sobre lo que quieres creer que es cierto, o son una extensión de lo que has experimentado de primera mano.

El poeta Ralph Hodgson lo expresó muy bien al decir: «Algunas cosas hay que creerlas para verlas». La falta de pruebas puede ser un relato muy convincente si ese relato alivia una incomodidad que uno querría quitarse de encima o le da un contexto para creer lo que esa persona quiere que sea verdad.

Los relatos logran que personas diversas centren su atención en lo mismo.

Steven Spielberg dijo lo siguiente:

> Para mí, lo más impresionante es que cada persona que ve una película [...] trae consigo toda una serie de experiencias únicas. Es decir, mediante una cuidadosa manipulación y una buena narración, puedes conseguir que todo el mundo aplauda al mismo tiempo, se ría al mismo tiempo y se asuste al mismo tiempo.[75]

Mark Twain dijo una vez que supo que era un autor de éxito cuando el káiser Guillermo II dijo que había leído todos sus libros y ese mismo día un botones que había en su hotel le dijo lo mismo. «Los grandes libros son como el vino —decía Twain—, mientras que los míos son como agua. Pero agua bebe todo el mundo.» Él encontraba las emociones universales que influyen en todas las personas, con independencia de quiénes eran o de dónde venían, y lograba que asintieran con la cabeza en la misma dirección. Es algo casi mágico.

Guiar la atención de la gente hacia lo mismo es una de las habilidades vitales más poderosas.

Los buenos relatos crean muchas oportunidades ocultas entre cuestiones que supones que no pueden mejorarse.

¿Cuántas grandes ideas ya se han descubierto pero podrían crecer cien veces o más si alguien las contase mejor?

¿Cuántos productos han alcanzado solo una pequeña parte de su potencial de mercado porque a las empresas que los fabrican no se les da nada bien describirlos a los clientes?

Muchísimos.

El fundador de Visa, Dee Hock, dijo una vez: «Las formas nuevas de mirar las cosas generan mucha más innovación que las formas nuevas de hacerlas».[76]

Te vas a desanimar si piensas que cada libro nuevo tiene que ir sobre una idea original o que cada nueva empresa tiene que vender un invento nunca visto. Hay muchas más oportunidades si ves el mundo como Yuval Noah Harari, es decir, si crees que lo más importante no es lo que dices o haces, sino cómo lo dices y cómo lo presentas.

Algunas de las preguntas más relevantes que debes hacerte son: ¿a quién ignoro, a pesar de que tiene la respuesta correcta, solo porque no se expresa con elocuencia? Y ¿qué cosa creo que es cierta pero en realidad solo es buen *marketing*?

Estas preguntas son incómodas y difíciles de responder. Pero, si eres sincero contigo mismo, verás como muchas personas y muchas creencias entran en esos compartimentos. Y luego verás la verdad: que la mejor historia siempre gana.

Y, a continuación, voy a compartir contigo una verdad imperecedera: tiene que ver con la guerra, el rendimiento deportivo, los mercados bursátiles y otras cosas delirantes que no pueden medirse.

7

No cuadra

El mundo se mueve por fuerzas que no pueden medirse.

Hay muchas cosas que no tienen ningún sentido. Los números no cuadran, las explicaciones están llenas de lagunas. Y, aun así, siguen ocurriendo: la gente toma decisiones disparatadas y reacciona de formas estrambóticas que parecen desafiar el pensamiento racional.

La mayoría de las decisiones no se toman con una hoja de cálculo, donde no hay más que sumar los números y aparece una respuesta clara. Hay un elemento humano que es difícil de cuantificar y explicar, y que puede estar desligado del todo del objetivo original y no obstante tiene más influencia que cualquier otra cosa.

El historiador Will Durant dijo una vez: «La lógica es un invento del hombre y el universo puede ignorarla».[77] Y a menudo es así, lo cual puede volverte loco si esperas que el mundo funcione de manera racional.

El intento de destilar a los humanos, emocionales y hormonales, en una ecuación matemática es la causa de mucha frustración y muchas sorpresas en el mundo.

Robert McNamara fue contratado por Henry Ford II para que lo ayudase a darle la vuelta a Ford Motors. La compañía estaba perdiendo dinero después de la Segunda Guerra Mundial y necesitaba un «tipo genial» —así lo denominaba Henry Ford— que viera la gestión de una empresa como una ciencia de las operaciones, fundamentada en la fría verdad de las estadísticas.

Años después, McNamara se llevó esa habilidad consigo a Washington cuando fue nombrado secretario de Defensa durante la guerra de Vietnam. Desde su cargo exigió que todo se cuantificase con gráficos diarios, semanales y mensuales que registraran el progreso de cualquier estadística bélica imaginable.

Sin embargo, la estrategia que había funcionado en Ford tenía un defecto al aplicarse al Departamento de Defensa. En una ocasión, Edward Lansdale, jefe de operaciones especiales del Pentágono, analizó las cifras de McNamara. Y le dijo que faltaba algo.

—¿Qué? —preguntó McNamara.

—Los sentimientos de los vietnamitas —contestó Lansdale.[78]

Aquello no podía reducirse a una estadística o un gráfico. Ese fue un problema fundamental en la gestión de la guerra de Vietnam. La distancia entre las estadísticas bélicas que llegaban a Washington y los sentimientos de los que estaban sobre el terreno podía ser enorme.

El general Westmoreland, que comandó las fuerzas estadounidenses, dijo al senador Fritz Hollings:

—Estamos matando a esa gente [el Viet Cong] a una proporción de diez a uno.

Hollings respondió:

—A los ciudadanos estadounidenses no les importan los diez. A ellos les importa ese uno.[79]

Ho Chi Minh lo expresó de una forma más descarnada con una afirmación que se le atribuye: «Vosotros matáis a diez de los nuestros y nosotros a uno de los vuestros, pero vosotros os vais a cansar antes».

Es difícil contextualizar eso en un gráfico.

Algunas cosas tienen una importancia inconmensurable. O bien son imposibles, o bien demasiado escurridizas para cuantificarlas. Pero pueden marcar la diferencia en el mundo, a menudo porque su falta de cuantificación hace que la gente no tenga en cuenta su relevancia o incluso niegue su existencia.

En un muro de la Universidad de Chicago hay grabadas unas palabras de lord Kelvin que dicen: «Cuando no puedes medir algo, tus conocimientos son escasos e insatisfactorios».[80]

Kelvin no estaba equivocado, pero el peligro está en suponer que, si algo no puede medirse, no tiene importancia. Es justo lo contrario: algunas de las fuerzas más importantes del mundo —sobre todo aquellas que tienen que ver con la personalidad y la mentalidad de las personas— son casi imposibles de medir e imposibles de predecir.

Jeff Bezos dijo una vez: «Me he dado cuenta de que, cuando hay una discrepancia entre las anécdotas y los datos, las anécdotas suelen ser lo correcto. Algo falla en la manera en que lo estás midiendo».[81]

Me encanta y detesto esta cita a partes iguales, porque sé que es verdad, pero al mismo tiempo quiero que no lo sea. Muy a menudo se puede ver en la historia la sensatez que contiene esta cita.

La batalla de las Ardenas fue una de las contiendas más mortíferas de la historia de Estados Unidos. 1900 soldados estadounidenses murieron y otros 7000 resultaron heridos o desaparecidos en poco más de un mes, pues la Alemania nazi hizo un último intento desafortunado contra los Aliados.

Uno de los motivos de que fuera tan sangrienta fue que los estadounidenses se vieron sorprendidos. Y uno de los motivos de que se sorprendieran es que en las mentes racionales de los generales estadounidenses no tenía ningún sentido que Alemania atacase.

Los alemanes no contaban con suficientes tropas para organizar un contrataque exitoso y los pocos soldados que quedaban eran a menudo muchachos de menos de dieciocho años sin experiencia de combate. No disponían de combustible suficiente. Se les estaba acabando la comida. El terreno del bosque de las Ardenas, en Bélgica, no les era favorable. Hacía un tiempo terrible.

Los Aliados sabían todo eso. Y pensaban que cualquier comandante alemán racional no lanzaría un contrataque. Por eso las líneas estadounidenses estaban poco nutridas y disponían de pocos suministros.

Y luego, ¡bum! Los alemanes atacaron de todas formas.

Lo que los generales estadounidenses pasaron por alto fue lo chalado que estaba Hitler en ese momento. No actuaba con racionalidad. Vivía en su mundo, desgajado de la realidad y la razón. Cuando sus generales le preguntaron de dónde iban a sacar el combustible para completar el ataque, Hitler les dijo que se lo podían robar a los estadounidenses. La realidad no importaba.

El historiador Stephen Ambrose señala que Eisenhower y el general Omar Bradley acertaron en todo el razonamiento y la lógica de la planificación bélica a finales de 1944, salvo por un detalle: el extremo hasta el que Hitler había perdido la cabeza.

Un edecán de Bradley mencionó durante la guerra: «Si nos estuviéramos enfrentando a personas razonables, ya se habrían rendido hace mucho tiempo».[82] Pero no lo eran, y eso —ese elemento que era difícil de medir usando la lógica— tuvo más importancia que cualquier otra cosa.

Archibald Hill corría todas las mañanas. A las 7:15 ya estaba en la pista. Se le daba bien: era un gran atleta y un corredor competitivo.

Hill, un fisiólogo británico nacido en 1886, fue en muchos sentidos un científico perfecto, pues dedicó la mayor parte de su vida profesional a responder una pregunta en la que estaba interesado personalmente y que podía comprobar en su persona: ¿cuáles son la velocidad y la distancia máximas a las que pueden correr los seres humanos?[83]

Tomando como referencia mi cuerpo, o el tuyo, o el de Hill, ¿cuál es el límite teórico hasta el que podemos forzarnos? Esta es la pregunta que él quería responder.

Los primeros estudios de Hill se basaban en la idea de que el rendimiento máximo en carrera es una función de los músculos del atleta y, por encima de todo, de su corazón. Si mi corazón puede bombear más sangre que el tuyo a los músculos necesarios para correr, yo puedo correr más deprisa. Eso era algo que se podía medir con claridad y Hill obtuvo el Premio Nobel de Medicina en 1922 por algunos de sus trabajos encaminados a entender la mecánica del cuerpo.[84]

La idea de que puedes medir la rapidez máxima a la que alguien es capaz de correr tiene sentido, y en el laboratorio y en la pista de pruebas más o menos se cumple.

En el momento de la carrera, en el mundo real, ya es otra historia. Los cálculos de Hill casi nunca tenían la capacidad de pronosticar quién ganaría una carrera.[85]

Si los atletas más competitivos solo tenían los corazones más potentes y la mayor capacidad para transportar oxígeno, saber quién iba a ser el mejor atleta y encontrarlo debería ser pan comido.

Pero no lo es.

Los grandes atletas tienen más probabilidades de tener un corazón más potente que alguien que se pasa el día en el sofá. Pero la correlación entre capacidad cardiovascular y rendimiento deportivo no es ni de lejos perfecta. Por eso las competiciones de atletismo como los maratones o las pruebas de velocidad en los Juegos Olímpicos son emocionantes. A veces los grandes atletas fallan. A veces hay ganadores sorpresa.

Hill, que de entrada era fiel a la idea de que el rendimiento atlético tenía que estar ligado en exclusiva a la capacidad muscular, quedó boquiabierto.[86] Al preguntarle por qué sus cálculos iniciales sobre la capacidad atlética no servían de mucho a la hora de hacer pronósticos sobre los ganadores de las carreras, respondió: «A decir verdad, no lo hacemos porque sea útil, sino porque es divertido».[87]

No obstante, al final descubrió qué estaba pasando y aquello cambió para siempre la forma en la que los científicos analizan el rendimiento deportivo.

El rendimiento atlético no es solo aquello de lo que uno es físicamente capaz. Es aquello de lo que uno es capaz dentro del contexto de lo que el cerebro está dispuesto a aguantar por el riesgo y la recompensa en un momento determinado.

La primera misión de tu cerebro es asegurarse de que no te mueras. Así que, al igual que el regulador de velocidad de un coche, no te va a dejar ejercitar al rendimiento máximo verdadero —que podría dejarte exhausto hasta el punto de ser vulnerable— a menos que te estés jugando algo lo bastante relevante. Va a dejar de funcionar al alcanzar un «límite» físico más bajo si el riesgo de hacer un esfuerzo excesivo no merece la recompensa.

Los límites físicos al correr en una pista de prueba pueden ser distintos a los límites físicos en una final olímpica, que a su vez pueden diferir de los límites físicos al ser perseguido por un asesino blandiendo un hacha.

Eso ayuda a dar cuenta de historias delirantes sobre personas que levantan coches cuando alguien está atrapado debajo y su vida corre peligro. Las capacidades van en función de las circunstancias del momento.

Al principio de su carrera, Hill escribió que «nuestros cuerpos son máquinas cuyo gasto energético puede medirse con precisión».

Años después, cuando su visión fue derivando hacia una noción más matizada del rendimiento humano, señaló que «en el atletismo hay algo más que mera química».

Había un lado conductual y psicológico que era mucho más difícil de cuantificar.

Nunca sabes cómo puede rendir un atleta hasta que no lo pones en medio de la pista un día de carrera, con las presiones, los riesgos y los incentivos de las condiciones del mundo real que no pueden reproducirse en el laboratorio.

Hill, en una interesante coincidencia, se casó con la hermana de John Maynard Keynes.

Keynes, el economista británico, había descubierto en sus estudios que las economías no son máquinas. Tienen almas, emociones y sentimientos. A eso Keynes lo llamó «espíritus animales».

Hill descubrió lo mismo, pero en relación con nuestros cuerpos. Él lo llamó «factores morales». Nuestros cuerpos no son máquinas y no deberíamos esperar que rindiesen como tales. Tienen sentimientos, emociones y miedos que regulan aquello de lo que somos capaces.

Todo esto es muy difícil de medir.

El inversor Jim Grant dijo una vez:

> Suponer que el valor de una acción ordinaria está determinado exclusivamente por las ganancias de una empresa descontando los tipos de interés relevantes y ajustándolo al tipo

impositivo marginal es olvidar que las personas han quemado brujas, han iniciado guerras por capricho, se han levantado en defensa de Iósif Stalin y creyeron a Orson Welles cuando les contó por la radio que los marcianos habían llegado a la Tierra.

Eso siempre ha sido así. Y siempre lo será.

Todos los precios de inversión, todas las valoraciones de mercado, no son más que una cifra de hoy multiplicada por un relato sobre mañana.

Los números son fáciles de medir, fáciles de monitorizar y fáciles de formular. Y eso es cada vez más sencillo, pues casi todo el mundo tiene un acceso asequible a la información.

Sin embargo, los relatos son reflexiones a menudo estrafalarias sobre las esperanzas, los sueños, los miedos, las inseguridades y las afiliaciones tribales de la gente. Y se están volviendo más estrafalarios, pues las redes sociales amplifican las visiones más atractivas desde un punto de vista emocional.

He aquí algunos ejemplos de lo poderoso que puede ser esto:

El banco Lehman Brothers estaba en plena forma el 10 de septiembre de 2008. Su ratio de capital de clase 1 —un indicador de la capacidad que tiene una entidad de soportar pérdidas— era de un 11,7 %. Esa cifra era superior a la del trimestre anterior. Superior a la de Goldman Sachs. Superior a la del Bank of America. Era un capital mayor del que Lehman tenía en 2007, cuando el sector bancario estaba casi en su momento histórico de mayor fortaleza.

Setenta y dos horas después, Lehman Brothers se declaró en quiebra.

Lo único que cambió durante esos tres días fue la fe de los inversores en la empresa. Un día creían en la entidad y compraban su deuda. Y al día siguiente esa convicción se había desvanecido, y en consecuencia la financiación también.

Esa fe era lo único que importaba. Pero también era lo único difícil de cuantificar, de modelar, de predecir, y que no entraba en los cálculos de un modelo de valoración tradicional.

En el caso de GameStop sucedió lo contrario. En 2020 parecía que estaba al borde de la bancarrota. Luego se convirtió en una obsesión cultural en Reddit, sus acciones subieron de forma repentina, la empresa recaudó un montón de dinero y en 2021 llegó a tener un valor de 11 000 millones de dólares.

En este caso se repite lo mismo: la variable más importante eran los relatos que las personas se contaban a sí mismas. Y eso era lo único que no podía medirse ni predecirse de antemano. Por eso los resultados no cuadran.

Cuando suceden cosas como esas, ves a la gente desconcertada y enfadada por cómo han cambiado las reglas del mundo.

Pero Grant tenía razón: siempre ha sido así.

Los años veinte fueron vertiginosos. Los treinta fueron puro pánico. En los cuarenta el mundo se estaba acercando a su fin. Los cincuenta, sesenta y setenta pasaron del bum a la crisis una y otra vez. Los ochenta y los noventa fueron una locura. Los primeros años del siglo XXI han sido como un programa de telerrealidad.

Si durante este tiempo has confiado solo en los datos y la lógica para comprender la economía, llevas cien años confundido.

El economista Per Bylund dijo una vez: «El concepto del valor económico es sencillo: lo que alguien quiere tiene valor, con independencia del motivo (si lo hay)».

No importan ni la utilidad ni los beneficios; solo si la gente lo quiere o no, por el motivo que sea. Así que buena parte de lo que sucede en la economía tiene sus raíces en las emociones, lo cual algunas veces puede ser casi imposible de comprender.

Para mí es obvio que aquello que no puedes medir, no puedes predecir y no puedes modelar en una hoja de cálculo es la fuerza más poderosa de todas en los negocios y las inversiones; del mismo modo en que es la fuerza más poderosa en el mundo militar. Y lo mismo puede decirse de la política. Y de las carreras profesionales. Y de las relaciones. Hay muchas cosas que no pueden calcularse.

El peligro —algo que se ve a menudo en las inversiones— llega cuando las personas se vuelven demasiado como McNamara: tan obsesionadas con los datos y seguras de sus modelos que no dejan margen para el error o la sorpresa. Ningún margen para que las cosas sean delirantes, absurdas e inexplicables, y para que permanezcan de esa misma forma durante largo tiempo. Preguntando siempre: «¿Por qué está ocurriendo esto?» y esperando que haya una respuesta racional. O peor: confundiendo siempre lo que ha ocurrido con lo que creen que debería haber ocurrido.

Las personas que obtienen buenos resultados a largo plazo entienden que el mundo real es una cadena interminable de absurdidades, confusión, relaciones caóticas y personas imperfectas.

Encontrar sentido a este mundo requiere admitir varias cosas.

John Nash es uno de los matemáticos más inteligentes que hayan existido jamás; fue galardonado con el Premio Nobel. También padecía esquizofrenia y se pasó la mayor parte de su vida convencido de que los alienígenas le estaban enviando mensajes codificados.

En su libro *Una mente prodigiosa*, Sylvia Nasar relata una conversación entre Nash y el catedrático de Harvard George Mackey:

—¿Cómo pudo un matemático como usted, un hombre dedicado a la razón y a las demostraciones lógicas [...], cómo pudo usted creer que unos extraterrestres le estaban mandando mensajes? ¿Cómo pudo usted creer que unos alienígenas del espacio exterior le estaban encomendando salvar el mundo? ¿Cómo pudo usted...?

—Porque —dijo Nash hablando despacio con su acento suave y razonable del sur— las ideas que yo tenía acerca de los seres sobrenaturales se me ocurrían de la misma forma que mis ideas matemáticas. Por eso me las tomaba en serio.

El primer paso para aceptar que algunas cosas no encajan es darse cuenta de que el motivo por el que tenemos innovaciones y avances es que, afortunadamente, en este mundo hay personas cuyas mentes funcionan de una forma distinta a la nuestra.

Sería fantástico que el mundo funcionase de formas predecibles y racionales. Pero la realidad del mundo es la incertidumbre constante, los malentendidos y la incapacidad de saber qué es lo siguiente que van a hacer las personas. El escritor Robert Greene escribió una vez: «La necesidad de certeza es la mayor enfermedad a la que se enfrenta la mente». Es lo que hace que olvidemos que el mundo no es una gran hoja de cálculo cuyos resultados pueden calcularse. No avanzaríamos nada si todas las personas vieran el mundo como una lista de normas racionales que hubiera que seguir.

Lo siguiente es aceptar que lo que es racional para una persona puede ser una locura para otra. Todo encajaría si todo el mundo tuviera el mismo horizonte temporal, los mismos objetivos, las mismas ambiciones y la misma tolerancia al riesgo. Pero no es así. Vender acciones por pánico después de que hayan caído un 5 por ciento es una malísima idea si eres un inversor a largo plazo, pero es un imperativo profesional si eres corredor de bolsa. No existe un mundo en el que cada decisión de inversión o de negocios que veas tomar a los demás vaya a alinearse con tus propias esperanzas y sueños de cómo deberían ser las cosas.

Lo tercero es entender el poder de los incentivos. Una burbuja financiera podría parecer algo irracional, pero las personas que trabajan en sectores que están viviendo una burbuja —los agentes hipotecarios en 2004 o los corredores de bolsa en 1999— ganan tanto dinero con esas burbujas que hay un poderoso incentivo para que la música siga sonando. No solo engañan a sus clientes, también se engañan a sí mismos.

Y lo último es que los relatos tienen más poder que las estadísticas. «Los precios de la vivienda en relación con los ingresos medios están ahora por encima de su media histórica y eso suele significar que van a volver a bajar» es una estadística. «Jim acaba de ganar 500 000 dólares comprando, renovando y revendiendo casas y ahora puede jubilarse antes de lo que le tocaría y su esposa cree que es un hombre maravilloso» es un relato. Y es mucho más convincente a día de hoy.

Esto es algo difícil de calcular, pero así es como funciona el mundo.

En el siguiente capítulo, nos fijaremos en la capacidad garantizada que tiene la vida para brincar de una absurdidad a otra.

8

La calma planta las semillas de la locura

Estar loco no significa estar enfermo.
Estar loco es normal; es normal incluso
estar *más que loco*.

Hay un ciclo vital muy frecuente de avaricia y miedo. Funciona así:

Primero supones que las buenas noticias son permanentes.

Luego dejas de fijarte en las malas noticias.

Luego ignoras las malas noticias.

Luego niegas las malas noticias.

Luego entras en pánico al oír malas noticias.

Luego aceptas las malas noticias.

Luego supones que las malas noticias son permanentes.

Luego dejas de fijarte en las buenas noticias.

Luego ignoras las buenas noticias.

Luego niegas las buenas noticias.

Luego aceptas las buenas noticias.

Luego supones que las buenas noticias son permanentes.

Y ya estamos en el punto de partida. El ciclo se repite.

Ahora analicemos con mayor profundidad por qué ocurre este ciclo y por qué siempre va a ser así.

Los años sesenta fueron un período de optimismo científico. En los cincuenta años previos, el mundo había pasado de los caballos y las calesas a los cohetes, y de las sangrías a los trasplantes de órganos.

Eso impulsó a varios economistas a intentar erradicar el azote de las recesiones. Si podíamos lanzar misiles balísticos intercontinentales y poner los pies en la Luna, era obvio que también podíamos impedir dos trimestres seguidos con un crecimiento negativo del PIB.

A Hyman Minsky, que durante la mayor parte de su carrera fue profesor de Economía en la Universidad Washington en St. Louis, le fascinaba la naturaleza de bums y crisis de las economías. También pensaba que la idea de erradicar las recesiones era absurda y que siempre lo sería.

La teoría fundamental de Minsky se llamó hipótesis de la inestabilidad financiera.[88]

La idea no contiene mucha matemática ni muchas fórmulas. Describe un proceso psicológico que, en esencia, funciona de la siguiente forma:

- Cuando una economía es estable, la gente se vuelve optimista.
- Cuando la gente se vuelve optimista, se endeuda.
- Cuando la gente se endeuda, la economía se vuelve inestable.

La gran idea de Minsky era que *la estabilidad es desestabilizadora*.

De hecho, la ausencia de recesiones planta la semilla de la siguiente recesión, motivo por el cual nunca podemos deshacernos de ellas.

«Durante los largos períodos de prosperidad, la economía transita de unas relaciones financieras que crean un sistema estable a unas relaciones financieras que crean un sistema inestable», escribió.

Que cada vez se crea más que las cosas van a ir bien nos empuja —como si de una ley de la física se tratara— hacia algo que no va bien.

Esto vale para muchas áreas de la vida.

Imagina un mundo en el que el mercado bursátil nunca bajase. La estabilidad del mercado está prácticamente garantizada y las acciones no hacen más que subir.

¿Qué harías?

Comprarías el mayor número de acciones que pudieras. Hipotecarías tu casa y comprarías más. Te plantearías vender un riñón y comprar más aún. ¡Ese sería un modo de actuar razonable!

Y durante el proceso, el precio de las acciones subiría por el aumento de la demanda. Sus valoraciones se encarecerían cada vez más. Alcanzarían precios tan elevados que sus expectativas de rentabilidad futura se reducirían hasta cerca de cero.

Y, en ese momento, las semillas de una crisis empezarían a brotar.

Cuanto más aumenta el valor de las acciones, más sensibles son los mercados a que los coja desprevenidos la capacidad de la vida para sorprenderte de maneras que nunca hubieras imaginado.

La sorpresa tiene seis características comunes:

- Información incompleta
- Incertidumbre
- Aleatoriedad
- Casualidad
- Cronología desafortunada
- Incentivos bajos

Puesto que los activos tendrían precios altos y no habría margen para el error, los mercados estarían colgando de un hilo y se desmoronarían al primer husmeo de cualquier cosa que no fuera la perfección.

La ironía es que, cuando está garantizado que los mercados no van a sufrir un crac —o, dicho de una forma más realista, cuando la gente cree que ese es el caso—, tienen una probabilidad mucho mayor de sufrir un crac.

La mera idea de la estabilidad provoca un movimiento inteligente y racional que hace aumentar la demanda y, por tanto, los precios de los activos hasta tal punto que se genera inestabilidad.

La estabilidad es desestabilizadora.

O, dicho de otra forma, la calma planta la semilla de la locura. Siempre ha sido así y siempre lo será.

«Todo parece ser un hecho sin precedentes cuando no has analizado la historia», escribió una vez la autora Kelly Hayes.[89]

Esta es una idea muy importante.

El historiador Dan Carlin escribió en su libro *El fin siempre está cerca*:

> Casi nada nos separa tanto de los seres humanos de las épocas anteriores como el grado en que nos afectan las enferme-

> dades [...]. Si los seres humanos modernos viviéramos un año con las tasas de mortalidad con que convivían nuestros antepasados de la era preindustrial de forma perpetua, experimentaríamos un *shock* social.[90]

En general, la vida en la época contemporánea es lo más segura que ha sido nunca. Y, en efecto, toda la mejora alcanzada en el último siglo ha provenido de la reducción de las enfermedades infecciosas. En el año 1900, cerca de 800 estadounidenses de cada 100 000 morían todos los años de enfermedades infecciosas. En 2014 la cifra era de 46 por cada 100 000 habitantes: una disminución de un 94 por ciento.[91]

Es probable que esta reducción sea lo mejor que le haya sucedido nunca a la humanidad.

Continuar esta frase con un «pero» es ir demasiado lejos. Es algo bueno y punto, sin peros.

Sin embargo, eso crea una anomalía.

La disminución de las muertes derivadas de las enfermedades infecciosas ha hecho que el mundo esté menos equipado para manejarlas; quizás no desde una perspectiva médica, pero sí desde un punto de vista psicológico. Lo que hace cien años era una parte trágica pero previsible de la vida ahora es una parte trágica e inconcebible de la vida moderna, lo cual es justamente lo que hizo que la pandemia del covid-19 fuera tan estremecedora y abrumadora.

Clark Whelton, que había trabajado como redactor de discursos para el alcalde de Nueva York Ed Koch, escribió en una ocasión:

> Para quienes crecieron en los años treinta y cuarenta, no era nada inusual verse amenazados por las enfermedades contagiosas. Las paperas, el sarampión, la varicela y la rubeola

> campaban a sus anchas por colegios y ciudades; yo tuve las cuatro. La polio hacía una dura escabechina todos los años y dejaba a miles de personas (sobre todo niños) paralizados o muertos. No había vacunas. Hacerse mayor significaba atravesar una inevitable tormenta de enfermedades infecciosas.[92]

Si comparamos eso con mi generación —que nos beneficiamos de media docena de vacunas tan solo pocas semanas después de haber nacido—, es como si viviésemos en mundos separados. Yo no puedo imaginar qué era normal hace dos generaciones.

Sospecho que, si el covid-19 hubiera afectado al mundo en 1920, sería una breve página en los libros de historia sobre otra pandemia letal insertada entre una larga lista de tragedias habituales. Pero, como tuvo lugar en un año relativamente tranquilo como 2020, dejará una huella que reconfigurará cómo algunas personas ven el riesgo vírico.

Lo raro que hay que tener en cuenta es la versión de Hyman Minsky de esta evolución.

¿Acaso la ausencia de pandemias durante los últimos cincuenta años hizo que el mundo fuera más vulnerable al covid-19? ¿Acaso el descenso de las muertes por enfermedades infecciosas nos hizo subestimar la probabilidad de que pudieran ocurrir tales sucesos en la época actual?

Lo que hizo el covid-19 peligroso fue, en parte, que mejoramos tanto en la evitación de pandemias durante el siglo pasado que pocas personas antes de 2020 pensaban que una enfermedad infecciosa fuera a afectar nunca su vida. Era difícil de entender. Por eso la gente no estaba preparada en absoluto para una pandemia cuando esta llegó. La ironía de los buenos tiempos es que generan complacencia y escepticismo ante las advertencias.

Los epidemiólogos llevaban años alertando de que podía producirse algo como el covid-19, pero la gente hacía oídos sordos y creía que las pandemias eran algo que solo ocurría en los libros de historia o en otras partes del mundo. Es difícil convencer a alguien de que está en peligro por un riesgo que esa persona supone que ha sido erradicado.

«Cuando la sanidad pública hizo su labor, fue víctima» de los recortes presupuestarios, dijo en 2020 Lori Freeman, directora ejecutiva de la Asociación Nacional de Profesionales Sanitarios de Estados Unidos.[93]

La calma plantó las semillas de la locura. Y eso sucede muy a menudo.

Una ironía habitual se desarrolla así:

- La paranoia conduce al éxito porque te hace estar alerta.
- Pero la paranoia es estresante, así que la dejas atrás enseguida, una vez que has alcanzado el éxito.
- Ahora has dejado atrás lo que te hacía ser exitoso y empieza tu declive, lo cual es aún más estresante.

Eso sucede en los negocios, en las inversiones, en las carreras profesionales, en las relaciones, etc.: en todos los ámbitos.

Carl Jung tenía una teoría llamada enantiodromía. Es la idea de que un exceso de algo da lugar a lo contrario.

Deja que te ponga un ejemplo que nos ofrece la Madre Naturaleza.

California se vio afectada por una sequía épica a mediados de la segunda década del siglo xxi. Luego, en 2017, se produjeron unas precipitaciones muy abundantes. En algunas zonas del lago Tahoe cayeron —no me lo estoy inventando— casi 20 metros de nieve en unos pocos meses.[94] El período de seis años de sequía se dio por terminado.

Pensarás que eso fue fantástico. Pero el tiro salió por la culata de una forma inesperada.

Los récords de lluvias de 2017 llevaron a un crecimiento récord de la vegetación ese verano. Se calificó como una superfloración e hizo que incluso ciudades del desierto quedasen cubiertas de verde.[95]

Un 2018 seco hizo que toda esa vegetación muriera y se convirtiera en fajina seca. Eso desembocó en algunos de los incendios forestales más graves que ha sufrido California en toda su historia.

Así pues, los récords de lluvias condujeron a los récords de incendios.

Hay una larga historia de casos como este, que pueden verificarse observando los anillos de los árboles, donde quedan inscritas tanto las fuertes precipitaciones como las posteriores cicatrices que deja el fuego. Ambos elementos van de la mano. «Un año lluvioso reduce los incendios al tiempo que hace aumentar el crecimiento de la vegetación, pero luego esa vegetación de más se seca a lo largo de los siguientes años secos, lo que aumenta el combustible para los incendios», explicó la Administración Nacional Oceánica y Atmosférica.[96]

Eso va en contra de la intuición, pero, una vez más: la calma planta las semillas de la locura.

Lo que provoca esta idea de que la calma planta las semillas de la locura es importante: básicamente, hace que subestimemos la probabilidad de que las cosas vayan mal y las consecuencias de que algo vaya mal. Las cosas pueden volverse de lo más peligrosas cuando la gente percibe que son de lo más seguras.

Tras abofetear a Chris Rock en el escenario de los Oscar, Will Smith pidió consejo a Denzel Washington. Washington le dijo: «Cuando estás en tu mejor momento, ve con cuidado. Entonces es cuando el demonio viene a por ti».

Un último apunte sobre por qué las cosas tienen tendencia a descontrolarse. El caso es que el optimismo y el pesimismo siempre tienen que rebasar lo que parece razonable, porque la única forma de descubrir los límites de lo que es posible es aventurarse a ir un poco más lejos de esos límites.

Jerry Seinfeld tenía el programa televisivo de mayor éxito. Y entonces lo dejó.

Tiempo después dijo que el motivo por el que canceló el programa mientras estaba en su mejor momento era porque la única forma de saber dónde está el techo es experimentar el declive, algo en lo que él no tenía ningún interés. Quizás el programa podría haber seguido yendo para arriba, quizás no. A él ya le parecía bien no saber la respuesta.

Si quieres saber por qué hay una larga historia de economías y mercados que estallan al rebasar los límites de la cordura, que saltan de bums a crisis, de burbujas a cracs, es porque hay muy pocas personas que tengan la mentalidad de Seinfeld. Insistimos en saber dónde está el techo de las cosas y la única forma de saberlo es seguir empujando hasta que nos hemos pasado; entonces podemos echar la vista atrás y decir: «Pues nada, parece que ahí estaba el techo».

¿Están sobrevaloradas las acciones? ¿Qué valor tiene el bitcoin? ¿Hasta dónde puede llegar Tesla? No puedes contestar estas preguntas con una fórmula. Son aspectos que dependen de lo que otra persona esté dispuesta a pagar por ellas en un momento determinado: cómo esa persona se sienta, lo que quiera creer y lo persuasivos que sean quienes le cuentan el relato. Y los relatos

cambian todo el tiempo. No pueden predecirse más de lo que puedes predecir el estado de ánimo que vas a tener dentro de tres años.

Si una inversión tuviera el potencial de seguir subiendo, alguien en alguna parte va a intentar descubrirlo. El deseo de las personas de hacerse ricas supera de largo el número de oportunidades fáciles y obvias. Así que, si pones un cartel que diga «podría haber una oportunidad dentro de esta caja», siempre habrá alguien que abra la caja. O lo que es lo mismo: tenemos que identificar dónde está el techo.

Por eso los mercados no permanecen dentro de los límites de la cordura y por eso siempre acaban por desarrollar sobredosis de pesimismo y optimismo.

¡Deben hacerlo!

La única forma de saber que hemos agotado todas las oportunidades potenciales de los mercados —la única forma de identificar su techo— es llevarlos no solo más allá del punto en el que los números dejan de tener sentido, sino más allá de los relatos que la gente cree sobre esos números.

Cuando una empresa de neumáticos desarrolla un nuevo producto y quiere conocer sus limitaciones, el proceso es sencillo. Lo instalan en un coche y lo ponen a circular hasta que revienta. Los mercados, desesperados por conocer los límites de lo que pueden aguantar los demás inversores, hacen lo mismo.

Siempre ha sido así y siempre lo será.

Hay dos cosas que puedes hacer al respecto.

La primera es aceptar que estar loco no significa estar enfermo. Estar loco es normal; es normal incluso estar *más que loco*.

Cada pocos años parece haber una declaración de que los mercados ya no funcionan: que son todo especulación o que se han alejado de su función básica. Pero siempre ha sido así. La gente no ha perdido la cabeza; solo están buscando los límites de lo que los demás inversores están dispuestos a creer.

La segunda cosa que puedes hacer es darte cuenta del poder del «ya es suficiente». Ser más como Seinfeld. Al inversor Chamath Palihapitiya una vez le preguntaron cómo obtener la mayor rentabilidad y él señaló:

> A mí me encantaría obtener unos réditos de un 15 por ciento anual. Porque, si puedo hacer esto durante 50 años, los beneficios serán enormes. Solo puedo afrontar despacio y con constancia los problemas difíciles.[97]

Tal vez exista un potencial mayor, pero está bien decir: «¿Sabes qué?, estoy bastante satisfecho con este nivel de riesgo y me parece bien seguir viendo cómo se desarrolla esta partida». No todo el mundo sabe hacer esto —y de media los mercados nunca saben hacerlo—, pero deberíamos probarlo más personas.

Y, a continuación, hablemos de otro problema delirante: la tendencia de las personas a querer hacer que las cosas buenas crezcan y vayan más deprisa.

9

Demasiada cantidad, demasiado pronto, demasiado deprisa

Si una buena idea se lleva al extremo se convierte enseguida en una idea terrible.

Warren Buffett contó una vez el chiste de que no puedes hacer un niño en un mes dejando preñadas a nueve mujeres.

Te sorprendería, no obstante, lo frecuente que es que la gente intente acelerar un proceso más allá de lo que es factible.

Cuando la gente descubre algo valioso —sobre todo una inversión lucrativa o una habilidad especial— hay una tendencia a preguntarse: «Genial, pero ¿puedo tener todo eso más deprisa?». ¿Podemos hacerlo avanzar al doble de potencia? ¿Podemos multiplicarlo por dos? ¿Podemos sacarle un poco más de jugo?

Es una pregunta natural y comprensible.

Pero la historia de llevar algo valioso demasiado lejos, de intentar hacerlo ir demasiado deprisa y de pedirle demasiado es larga.

La mayoría de las cosas tienen un tamaño y una velocidad naturales y enseguida produce efectos indeseados llevarlas más allá de esos límites.

Déjame que te hable de Robert Wadlow. Era un muchacho enorme, el ser humano más grande que haya existido nunca.

Una anomalía en la glándula pituitaria bombardeaba el cuerpo de Wadlow con la hormona del crecimiento, lo que condujo a su tamaño descomunal. A los siete años medía más de

1,80 metros; a los once, 2,13 y cuando murió, a los veintidós años, casi llegaba a los 2,65 metros, pesaba más de 220 kilos y llevaba unos zapatos de la talla 60. Su palmo medía 30 centímetros.

Era lo que en la ficción se retrataría como un atleta sobrehumano, capaz de correr más deprisa, saltar más alto, levantar más peso y cargarse más tipos malos que cualquier persona normal. Un verdadero Superman.

Pero esa no fue en absoluto la vida de Wadlow.

Necesitaba unos soportes de acero para las piernas para mantenerse de pie y un bastón para andar. Al caminar más bien cojeaba, y todo el proceso le requería un esfuerzo tremendo. En los pocos vídeos que existen de Wadlow se ve a un hombre cuyos movimientos son fatigosos y torpes. Apenas se le veía estando de pie por su cuenta y solía apoyarse en una pared para sostenerse. Sus piernas estaban sometidas a tal presión que hacia el final de su vida tenía poca sensibilidad por debajo de las rodillas. Si Wadlow hubiese vivido más tiempo y hubiese seguido creciendo, el mero hecho de andar le hubiera roto los huesos de las piernas. Lo que terminó matándolo fue casi tan terrible como eso: Wadlow tenía una alta presión arterial en las piernas porque su corazón se esforzaba mucho para bombear sangre por todo su cuerpo, lo que le causó una úlcera que desembocó en una infección que sería letal.

No puedes triplicar el tamaño de un ser humano y esperar que el rendimiento también se triplique: la mecánica no funciona así. Los animales enormes suelen tener unas patas cortas y chatas (los rinocerontes) o unas patas extremadamente largas en relación con su torso (las jirafas). Wadlow creció demasiado para la estructura del cuerpo humano. Modificar la escala de las dimensiones tiene límites.

En un texto anterior a la época de Wadlow, el biólogo J. B. S. Haldane mostró la gran cantidad de cosas a las que se aplica esta idea de que no es posible modificar la escala.[98]

Una pulga puede saltar hasta una altura de unos 60 centímetros; un atleta, unos 120 centímetros. Pero, si la pulga tuviera el tamaño de un hombre, no podría saltar hasta varios metros de altura: la escala no funciona así. La resistencia al aire sería mucho mayor para una pulga gigante y la cantidad de energía necesaria para saltar hasta una altura determinada es proporcional al peso. Si una pulga tuviera un tamaño cien veces mayor que su tamaño normal, su salto podría aumentar de 60 centímetros a quizás 180, suponía Haldane.

Un ser humano que sale de una bañera tiene tal vez cerca de medio kilo de agua goteándole del cuerpo: nada del otro mundo. Un ratón mojado, por el contrario, debe arrastrar su peso corporal con el exceso de agua y una mosca mojada se queda clavada en el suelo. La misma acción en distintos tamaños conlleva unos problemas tremendamente distintos.

«Para cada tipo de animal hay un tamaño idóneo y un cambio en ese tamaño conlleva inevitablemente un cambio de forma», escribió Haldane.

¡Un tamaño idóneo!

Un estado apropiado en el que las cosas funcionan bien. Pero se desajustan cuando intentas modificar la escala del elemento a un tamaño o una velocidad distintas.

Y eso se aplica a muchas cosas de la vida.

Un buen resumen de la historia de las inversiones es que las acciones permiten ganar una fortuna a largo plazo, si bien infunden unos perjuicios punitivos cuando exiges que se te pague antes de tiempo.

En el siguiente gráfico se ve la frecuencia con que el mercado bursátil estadounidense ha generado una rentabilidad positiva sobre la base de cuánto tiempo ha conservado alguien sus acciones.[99]

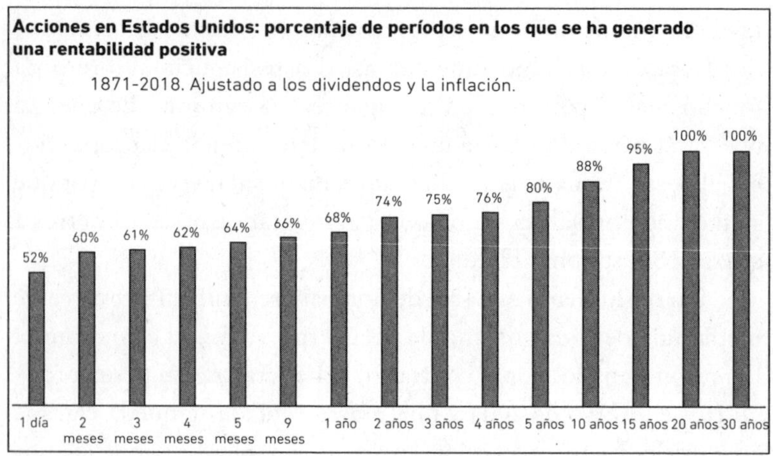

Una forma de interpretar este gráfico es pensar que hay un horizonte temporal de inversión «idóneo»: probablemente de algún valor en torno a los diez años o más. Ese es el período en que los mercados casi siempre recompensan tu paciencia. Cuanto más se comprime tu horizonte temporal, más dependes de la suerte y más corres el riesgo de arruinarte.

Repasa la lista de errores históricos de inversión y, te lo aseguro, verás que al menos un 90 por ciento se deben a que los inversores intentaron comprimir ese horizonte temporal natural e «idóneo».

Lo mismo les ocurre a las empresas.

Starbucks tenía 425 locales en 1994, su vigesimotercer año de existencia. En 1999 abrió 625 locales nuevos. En 2007 ya abría 2500 locales al año: una cafetería nueva cada cuatro horas.

Una cosa llevó a la otra. La necesidad de alcanzar los objetivos de crecimiento terminó desterrando el análisis racional. Los ejemplos de la saturación de Starbucks se convirtieron en un chiste. El crecimiento de las ventas de un mismo local cayó a la mitad mientras el resto de la economía vivía un bum.

Howard Schultz escribió a los altos directivos de la compañía en 2007: «Para poder pasar de menos de mil locales a 13 000, hemos tenido que tomar una serie de decisiones que, vistas ahora, han conducido a que la experiencia en Starbucks se diluya».[100] Starbucks cerró 600 locales en 2008 y despidió a 12 000 empleados. El precio de sus acciones cayó un 73 por ciento, una cifra espantosa incluso para los números de 2008.

Schultz escribió en su libro *El desafío Starbucks*, publicado en 2011: «El crecimiento, ahora lo sabemos demasiado bien, no es una estrategia. Es una táctica. Y cuando el crecimiento indisciplinado se convirtió en una estrategia, perdimos el rumbo».

Había un tamaño idóneo para Starbucks, como lo hay para todos los negocios. Si rebasas ese límite, te das cuenta de que los ingresos no van a aumentar en la escala esperada, pero sí que van a aumentar los clientes decepcionados, de la misma forma en que Robert Wadlow se convirtió en un gigante pero tenía dificultades para andar.

El magnate de los neumáticos Harvey Firestone lo entendió muy bien y escribió en 1926:

> No sale a cuenta intentar conseguir todos los pedidos de golpe. En primer lugar, no puedes conseguirlos, así que se desperdicia una buena cantidad de tu dinero. En segundo lugar, en caso de que lo consigas, la fábrica no puede servirlos. Y, en tercer lugar, si los conseguiste, no puedes mantener el ritmo de fabricación. Una empresa que consi-

gue pedidos demasiado deprisa actúa como un chaval que gana dinero demasiado rápido.[101]

Las fusiones de empresas suelen caer en esa misma trampa. El crecimiento mediante una adquisición a menudo se da cuando la dirección quiere alcanzar un crecimiento mayor del que los clientes creen que el negocio merece. Es probable que el deseo de los clientes esté más cerca del tamaño «idóneo» de la empresa, y alimentarla a la fuerza más allá de ese límite conduce a toda clase de decepciones.

Nassim Taleb dice que es libertarista a escala federal, republicano a escala estatal, demócrata a escala local y socialista a escala familiar. Las personas manejan el riesgo y la responsabilidad de formas totalmente distintas cuando un grupo aumenta de cuatro miembros a cien, a 100 000 o a cien millones.

Y lo mismo vale para la cultura empresarial. Un estilo de gestión que funciona a las mil maravillas en una empresa de diez personas puede destruir una compañía de mil trabajadores, lo cual es una lección dura para algunas empresas que crecen muy deprisa en pocos años. Travis Kalanick, el ex director ejecutivo de Uber, es un magnífico ejemplo de esto. Nadie podía hacer crecer la empresa en su primera etapa mejor que él, pero nadie podía dirigir la compañía peor que él una vez esta maduró. No creo que sea un defecto, solo un reflejo de que algunas cosas no pueden reproducirse a otra escala.

Hay un sinfín de ejemplos parecidos en la naturaleza, la mayoría de los cuales subrayan que si aceleras demasiado, una buena idea se convierte en una idea nefasta.

La mayor parte de los árboles jóvenes se pasan sus primeras décadas a la sombra de la copa de sus madres. Como les toca menos la luz del sol, crecen más despacio. Ese crecimiento lento hace que desarrollen una madera densa y dura.

Sin embargo, sucede algo interesante si plantas un árbol en campo abierto: lejos de la sombra de árboles más grandes, el retoño se atiborra de luz solar y crece deprisa.

El crecimiento rápido hace que desarrolle una madera blanda y liviana que nunca tuvo tiempo de volverse densa. Y esa madera blanda y liviana es un caldo de cultivo para los hongos y las enfermedades. «Un árbol que crece deprisa se pudre deprisa, y por tanto nunca tiene la oportunidad de envejecer», escribió el silvicultor Peter Wohlleben.[102] Písteme despacio, que tengo prisa.

O fijémonos en el crecimiento animal.

Tenemos dos grupos de pececitos idénticos. Metemos uno en agua anormalmente fría y el otro en agua anormalmente caliente. La distinta temperatura que hay en cada lado provoca algo interesante: los peces que viven en agua fría crecerán más despacio de lo habitual, mientras que los que están dentro del agua caliente crecerán más deprisa de lo habitual.

Si metemos a los dos grupos en un recipiente de temperatura normal, terminarán convergiendo y se convertirán en adultos de un tamaño y características normales.

Pero luego ocurre algo sorprendente.

Los peces con el crecimiento ralentizado en sus primeros años viven un 30 por ciento más que la media. Los que tuvieron un crecimiento artificial potenciado en las primeras etapas mueren un 15 por ciento antes del tiempo medio.

Eso es lo que descubrió en cierta ocasión un equipo de biólogos de la Universidad de Glasgow.

La causa no es compleja. El crecimiento acelerado puede producir daños en los tejidos y, como decían los biólogos, «solo puede conseguirse mediante la desviación de recursos del mantenimiento y reparación de biomoléculas dañadas». El crecimiento ralentizado hace lo contrario: «Permite una asignación mayor de recursos al mantenimiento y la reparación».

«Es probable que una máquina construida con prisas falle antes que una que se haya montado con cuidado y de forma metódica, y nuestro estudio hace pensar que eso también podría ser válido para los cuerpos», dijo Neil Metcalfe, uno de los investigadores.[103]

El crecimiento es algo positivo, aunque solo sea porque al final los pequeñines son devorados. Pero el crecimiento forzado, acelerado, artificial: eso tiende a ser contraproducente.

Robert Greene escribe lo siguiente: «El mayor obstáculo para la creatividad es nuestra impaciencia, el deseo casi inevitable de acelerar el proceso, expresar algo, causar sensación».

Una cuestión importante de esta idea es que la mayoría de las grandes cosas de la vida —del amor a la carrera profesional, pasando por las inversiones— obtienen su valor a partir de dos cosas: la paciencia y la escasez. La paciencia para dejar que algo crezca y la escasez para admirar en lo que se va convirtiendo.

Pero ¿cuáles son dos de las tácticas más frecuentes cuando la gente aspira a conseguir algo? Intentar hacerlo más deprisa y más grande.

Esto siempre ha sido un problema y siempre lo será.

Es lo que nunca cambia.

Y, en el siguiente capítulo, vamos a analizar otra cuestión imperecedera: cómo, cuándo y por qué las personas encuentran la motivación.

10

Cuando se hace la magia

El estrés centra tu atención de formas en que las épocas felices no pueden hacerlo.

Una verdad constante que se ve a lo largo de la historia es que los mayores cambios y las innovaciones más importantes no suceden cuando alguien está feliz y las cosas le van bien. Suelen ocurrir durante y después de un hecho terrible. Cuando las personas están un poco asustadas, perplejas y preocupadas, y cuando las consecuencias de no actuar enseguida son demasiado dolorosas de soportar.

El incendio de la fábrica de Triangle Shirtwaist fue una de las mayores tragedias de la historia de la ciudad de Nueva York.[104]

El 25 de marzo de 1911 se originó un incendio en una fábrica textil que empleaba a cientos de mujeres, la mayoría inmigrantes. Muchas de ellas eran adolescentes y había pocas de más de veintidós años.

En pocos minutos, la fábrica quedó casi envuelta por las llamas.

Los bomberos llegaron al lugar de los hechos poco después. Pero sus escaleras solo llegaban al sexto piso, cuatro pisos por debajo de las desesperadas trabajadoras.

—Todo el mundo corría, intentando salir —dijo Bessie Cohen, una de las supervivientes del incendio.

Las trabajadoras, presas del pánico, se agolpaban en las ventanas del edificio buscando las últimas bocanadas de oxígeno.

El gentío empezó a congregarse en las calles. Lo que vieron entonces nadie lo olvidaría nunca.

Un peatón dijo que algo que parecía un fardo ardiente de ropa vieja cayó del edificio y chocó contra el suelo con estruendo. Otro comentó que debían de estar tirando ropa en llamas por la ventana para intentar detener el fuego.

A medida que se oían más batacazos, se hizo evidente que las obreras de la fábrica se estaban lanzando al vacío.

Primero una, luego unas cuantas más y, al final, decenas.

«Pam-muerta, pam-muerta, pam-muerta, pam-muerta»,[105] así lo describió un testigo.

Las puertas y las salidas antiincendios de la fábrica se habían cerrado para impedir que las trabajadoras hicieran pausas no previstas. Cuando un montacargas dejó de funcionar, saltar por la ventana se convirtió en la única vía para huir de aquel infierno.

«Aquella chiquilla tan guapa, mi amiga Dora... —rememoraría Cohen—. Recuerdo su cara antes de saltar.»

La tragedia terminó en menos de 30 minutos. Fallecieron 146 trabajadoras.

Esa noche, una mujer llamada Frances Perkins, quien fue testigo del incendio desde la calle, describió a un periodista lo que había visto.

«Llegaban al suelo de dos en dos o de tres en tres, saltando juntas en una especie de esperanza desesperada —dijo Perkins—. Las redes de rescate estaban rotas. Los bomberos les gritaban que no saltasen. Pero a ellas no les quedaba otra opción; tenían las llamas justo detrás.»

Treinta años después, el presidente Franklin Roosevelt nombraría a Perkins secretaria de Trabajo: la primera mujer en formar parte de un gabinete presidencial.

Consternada por lo que había presenciado en el incendio de Triangle Shirtwaist y lo evitables que hubieran podido ser las muertes si las empleadas hubieran contado con unas condiciones laborales mejores —tan simple como disponer de salidas de emergencia y que las puertas no estuvieran cerradas con llave—, Perkins, junto con muchas otras personas, dedicó buena parte del resto de su vida a luchar por los derechos de los trabajadores.

«Nos unimos —escribió Perkins— impulsados por un sentimiento de aflicción y culpa, para impedir que volviera a ocurrir una catástrofe como aquella.» Perkins lo calificó como «un recordatorio que no hay que olvidar nunca de por qué he tenido que dedicar mi vida a luchar contra las condiciones que dieron lugar a una tragedia como aquella».

La tragedia del incendio de Triangle Shirtwaist fue, en muchos sentidos, el comienzo de un movimiento por los derechos laborales que transformó el siglo XX.

Echando la vista atrás casi medio siglo después del incendio, Perkins dijo que el New Deal —las políticas económicas de los años treinta destinadas a reconstruir la economía estadounidense con un ojo puesto en los derechos de los trabajadores— empezó en espíritu ese 25 de marzo de 1911, el día del incendio de Triangle Shirtwaist.

El estrés, el dolor, la incomodidad, la conmoción y el asco, a pesar de sus inconvenientes trágicos, también crean los momentos en que se hace la magia.

Los coches y los aviones son dos de las principales innovaciones de la época contemporánea.

Pero hay algo interesante sobre sus primeros años.

Pocas personas veían los primeros coches y decían: «Pues mira, aquí tengo una cosa para desplazarme hasta mi lugar de trabajo».

Pocas personas veían un avión y decían: «Anda, puedo usar esto para ir a mi próximo destino de vacaciones».

Pasaron décadas hasta que la gente vio ese potencial.

Lo que sí dijeron al principio fue: «¿Podemos instalar una ametralladora encima de eso? ¿Podemos tirar bombas desde esa cosa?».

Adolphus Greely fue una de las primeras personas no pertenecientes al sector automovilístico que se dieron cuenta de que el «carruaje sin caballos» podía ser útil. Greely, que era general de brigada, adquirió tres coches en 1899 —casi diez años antes de que saliera el Ford T— para que el ejército estadounidense hiciera experimentos.

En una de sus primeras menciones de los automóviles, *Los Angeles Times* escribió sobre la compra del general Greely:

> Puede utilizarse para el transporte de artillería ligera como ametralladoras. Puede emplearse para el transporte de equipamiento, munición y suministros: para llevar a los heridos a la retaguardia y, en general, para la mayoría de los propósitos para los que a día de hoy se utiliza la fuerza de mulas y caballos.

Nueve años después, *Los Angeles Times* había publicado una entrevista con los jóvenes hermanos Wilbur y Orville Wright, quienes hablaron sobre las perspectivas de su nueva máquina voladora:

> La utilidad de la aeronave, creen, se fundamentará por completo en su ventaja como agente de reconocimiento en tiempos de guerra. No desean vender su innovación a una empre-

sa privada, sino que quieren conseguir que se la quede el Departamento de Guerra, con sede en Washington.

Los Wright tenían motivos para creer que eso era cierto. Su único cliente de verdad en sus primeros años —el único grupo que mostró interés por los aviones— fue el Ejército estadounidense, que adquirió el primer «[vehículo] volador» en 1908.

El interés temprano del Ejército por coches y aviones no fue una casualidad debida a una afortunada capacidad de previsión. Si repasamos la lista de grandes innovaciones, veremos que los ejércitos aparecen en repetidas ocasiones.

El radar.
La energía atómica.
Internet.
Los microprocesadores.
Los aviones de reacción.
Los cohetes.
Los antibióticos.
Las autopistas interestatales.
Les helicópteros.
El GPS.
La fotografía digital.
Los hornos microondas.
La goma sintética.

Todos estos inventos salieron directamente de las fuerzas armadas o estuvieron muy influenciados por ellas.

¿Por qué?

¿Acaso las fuerzas armadas tienen a los mayores visionarios tecnológicos? ¿A los ingenieros de mayor talento?

Quizás.

Pero lo más importante es que son un sitio lleno de «problemas enormes que hay que solucionar ahora mismo».

Lo que fomenta la innovación son los incentivos, que pueden ser muy diversos.

Por un lado, está el incentivo de «si no lo resuelvo, me van a echar». Esto va a poner tu cerebro en marcha.

Luego está el de «si resuelvo esto, tal vez podré ayudar a la gente y ganaré mucho dinero». Esto te generará chispas de creatividad.

Y luego está a lo que tienen que enfrentarse los militares: «Si no resuelvo esto ahora mismo, vamos a morir todos y Adolf Hitler podría conquistar el mundo». Eso da pie a la más increíble habilidad de resolución de problemas e innovación en el período más breve que el mundo haya visto jamás.

Frederick Lewis Allen describe así la explosión de progreso científico que tuvo lugar durante la Segunda Guerra Mundial:

> Lo que el Gobierno, por medio de su Oficina de Investigación y Desarrollo Científico y otras agencias, decía constantemente durante la guerra era, en efecto: «¿Tiene este descubrimiento o ese otro alguna utilidad para la guerra? Si es el caso, desarróllalo y ponlo en marcha, ¡y a la porra los gastos!».[106]

Las fuerzas armadas son motores de innovación porque en algunas ocasiones se enfrentan a problemas tan importantes —tan urgentes, tan vitales— que el dinero y la mano de obra dejan de ser un obstáculo y las personas involucradas colaboran de maneras difíciles de imitar en tiempos de paz.

No podemos comparar los incentivos de los programadores de Silicon Valley intentando conseguir que hagas clic en anuncios con los físicos del Proyecto Manhattan intentando acabar con una guerra que amenazaba la existencia del país. Ni siquiera podemos comparar sus aptitudes.

Las mismas personas con la misma inteligencia tienen un potencial totalmente distinto bajo unas circunstancias diferentes.

Y las circunstancias que tienden a generar las mayores innovaciones son aquellas que hacen que las personas estén preocupadas, asustadas y deseosas de avanzar deprisa, porque de ello depende su futuro.

«Nada puede llegar a tener una verdadera capacidad de resistencia cuando todo va bien», dijo el creador de Shopify, Tobi Lütke.[107]

«¡El exceso de energía liberado por la sobrerreacción ante los contratiempos es lo que genera innovación!», escribió Nassim Taleb.

El estrés centra tu atención de formas en que las épocas felices no pueden hacerlo. Se impone a la procrastinación y la indecisión, agarra lo que tienes que hacer y te lo pone tan cerca de tus narices que no te queda otra opción que hacerlo, ahora mismo y con la máxima habilidad posible.

Durante la Segunda Guerra Mundial, un periódico entrevistó a un soldado estadounidense anónimo. Al preguntarle qué pensaba durante los combates, el soldado respondió: «Tenía la esperanza de recordar que tenía miedo, porque esta es la mejor forma de mantenerse con vida y no cometer errores imprudentes».

Es un buen consejo y una idea inteligente que se aplica a muchas cosas.

Los años treinta fueron un desastre, uno de los períodos más oscuros de la historia de Estados Unidos.

Casi una cuarta parte de los estadounidenses estaban sin empleo en 1932. El mercado bursátil cayó un 89 por ciento.

Esos dos relatos económicos son predominantes al pensar en esa década, y no es para menos.

No obstante, hay otro relato sobre los años treinta que apenas suele mencionarse: fue, de lejos, la década más productiva y con mayores progresos tecnológicos de la historia de Estados Unidos.

La cantidad de problemas que la gente resolvió, y los modos que se descubrieron de fabricar productos con mayor eficiencia, es una historia olvidada de los años treinta que ayuda a explicar en buena medida por qué el resto del siglo xx fue tan próspero.

Aquí están los números: la productividad total de los factores —es decir, la producción económica en relación con la cantidad de horas trabajadas y la cantidad de dinero invertida en la economía— alcanzó niveles nunca vistos hasta entonces y que no se han vuelto a ver desde entonces.

El economista Alex Field escribió que en 1941 la economía estadounidense tenía una producción un 40 por ciento superior a la de 1929, con casi ningún incremento en la cantidad total de horas trabajadas.[108] Lo único que ocurrió es que todo el mundo se volvió extraordinariamente más productivo.

Hay un par de cosas que ocurrieron en ese período en las que merece la pena detenernos, porque explican por qué eso sucedió cuando sucedió.

Fijémonos en los coches. Los años veinte fueron la época del automóvil. El número de coches que circulaban por las carreteras de Estados Unidos subió de un millón en 1912 a 29 millones en 1929.

Pero las carreteras fueron otra historia. En los años veinte se vendían coches más deprisa de lo que se construían carreteras.

Eso cambió en los años treinta, cuando se aceleró la construcción viaria, impulsada por la Administración de Obras Públicas del New Deal.

El gasto en construcción de carreteras aumentó de un 2 por ciento del PIB en 1920 a más de un 6 por ciento del PIB en 1933 (hoy en día es de menos de un 1 por ciento). El Departamento de Transporte por Autopista cuenta una historia de lo deprisa que empezaban los proyectos:

> La construcción comenzó el 5 de agosto de 1933 en Utah; se trataba del primer proyecto de autopista bajo el amparo de aquella ley. En agosto de 1934 se habían completado 26 280 kilómetros de nuevos proyectos de carreteras.[109]

Lo que eso supuso para la productividad fue impresionante. La autopista Pensilvania Turnpike, por ejemplo, redujo los tiempos entre Pittsburgh y Harrisburg en un 70 por ciento. El puente del Golden Gate, construido en 1933, abrió el condado de Marin, al que antes solo podía accederse desde San Francisco en ferri.

Si multiplicamos los avances que hubo en todo el país, vemos que los años treinta son la década en que el transporte floreció en Estados Unidos. Fue el último enlace que hizo que la red de ferrocarriles, con un siglo de existencia, fuera eficiente de verdad, pues creó un servicio de último kilómetro que conectó el mundo.

La electrificación también aumentó mucho en los años treinta, sobre todo para los estadounidenses de las zonas rurales que habían quedado excluidos de la electrificación urbana de los años veinte.

La Administración para la Electrificación Rural (REA) del New Deal trajo la electricidad a las granjas en lo que tal vez fue el único desarrollo positivo de la década en regiones que estaban devastadas desde un punto de vista económico. El número de hogares rurales con electricidad en Estados Unidos aumentó de menos de un 10 por ciento en 1935 a casi un 50 por ciento en 1945.

Es difícil imaginarlo, pero no hace mucho —durante parte de nuestra vida y la mayor parte de la de nuestros abuelos—, una proporción sustancial de Estados Unidos vivía literalmente a oscuras. Franklin Roosevelt dijo en un discurso sobre la REA:

> La electricidad ya no es un lujo. Es una clara necesidad. [...] En nuestros hogares no sirve solo para tener luz, sino que se ha convertido en el solícito criado de la familia en un sinfín de aspectos. Puede aliviar las ingratas labores del ama de casa y levantar la pesada carga que sostienen los hombros del esforzado granjero.[110]

El hecho de que la electricidad se convirtiera en un «solícito criado» —con la introducción de lavadoras, aspiradoras y neveras— liberó horas antes dedicadas a las tareas del hogar, de tal forma que hizo posible que aumentase la participación de las mujeres en el mundo laboral. Es una tendencia que duró más de medio siglo y que es un motor clave tanto del crecimiento del siglo xx como de la igualdad de género.

Otro incremento de la productividad acaecido en los años treinta provino del hecho de que las personas normales y corrientes se vieron forzadas por la necesidad a sacarle más rédito al dinero.

El primer supermercado abrió en 1930. La forma tradicional de comprar alimentos era ir de la carnicería, donde te servían desde detrás de un mostrador, a la panadería, donde te servían desde detrás de un mostrador, y a un puesto de frutas y verduras, donde te servían lo que pedías. Combinar todas las tiendas bajo un solo techo y hacer que los clientes escogiesen los productos de las estanterías ellos mismos fue una forma de hacer que la economía de la venta de alimentos funcionara en un período en el que una cuarta parte del país estaba sin empleo.

Las lavanderías también se inventaron en los años treinta, después de que cayeran las ventas de lavadoras; se anunciaban como alquileres de lavadoras.

Fábricas de todo tipo analizaban sus mermadas ventas y decían: «¿Qué tenemos que hacer para sobrevivir?». La respuesta solía ser construir una cadena de montaje como la que Henry Ford había presentado al mundo en la década anterior.

La productividad por hora en las fábricas aumentó un 21 por ciento durante los años veinte. «Durante la década de la Depresión, entre 1930 y 1940 (cuando muchas plantas cerraron o pasaron a trabajar a media jornada) —escribió Frederick Lewis Allen—, hubo una intensa presión por potenciar la eficiencia y el ahorro: se incrementó un asombroso 41 por ciento.»

«El trauma de la Gran Depresión no ralentizó la maquinaria estadounidense de las invenciones —escribió Robert Gordon—. Más bien lo contrario: el ritmo de la innovación aumentó.»[111]

El incremento del trabajo intelectual en los años treinta fue consecuencia de que más jóvenes continuaron sus estudios porque no tenían nada más que hacer. El número de personas que terminaron los estudios secundarios aumentó durante la Depresión hasta niveles que no volvieron a verse hasta los años sesenta.

Todo eso —fábricas más productivas, nuevas ideas, trabajadores formados— resultó ser vital en 1941, cuando Estados Unidos entró en guerra y se convirtió en el motor fabril de los Aliados.

La gran pregunta es si el gran avance técnico de los años

treinta se hubiera podido producir sin la devastación de la Depresión.

Y creo que la respuesta es que no; al menos, no en la medida en que se produjo.

Nunca se habría podido aprobar algo como el New Deal sin una economía tan baqueteada que la gente estaba desesperada por intentar cualquier cosa para arreglar la situación.

Es dudoso que los empresarios y emprendedores hubieran encontrado con tal urgencia nuevas eficiencias sin una amenaza de quiebra récord.

Que los directivos mirasen a sus trabajadores y dijesen: «Probad algo nuevo. A la porra el manual, me da igual» difícilmente habría ocurrido si la economía estuviera creciendo y las perspectivas fueran halagüeñas.

Los cambios sustanciales y rápidos solo ocurren cuando están forzados por la necesidad.

La Segunda Guerra Mundial empezó a lomos de caballos en 1939 y terminó con la fisión nuclear en 1945. La NASA se creó en 1958, dos semanas después de que los soviéticos lanzaran el Sputnik, y aterrizó en la Luna solo once años más tarde. Cosas como estas ocurren muy pocas veces tan deprisa sin el miedo como elemento motivador.

Y lo mismo con la aviación comercial. Volar en avión es algo tan seguro porque después de cada accidente se inicia un intenso proceso de aprendizaje y búsqueda de soluciones que reduce la probabilidad de que ocurran accidentes parecidos en el futuro.

Lo mismo sucedió en los años 2000, cuando la crisis petrolera de 2008, que hizo aumentar mucho los precios, incentivó a las compañías petroleras a innovar en las técnicas de perforación, lo que hizo que la producción de petróleo en Estados Unidos alcanzara un récord. ¿El bum de innovación hubiese tenido lugar sin la crisis previa? Casi seguro que no.

Y lo mismo durante el covid-19, cuando un riesgo y un pánico generacionales dieron pie a un asombroso desarrollo y producción de nuevas vacunas.

Vannevar Bush, que dirigía la Oficina de Investigación y Desarrollo Científico de Estados Unidos durante la Segunda Guerra Mundial, hizo la polémica insinuación de que los avances médicos derivados de la guerra —sobre todo la producción y el uso de antibióticos— podrían haber salvado más vidas de las que se perdieron durante la guerra.

Es muy difícil imaginar esos elementos positivos mientras estás en medio de una crisis. Pero surgen una y otra vez a lo largo de la historia.

Hay un límite obvio a la innovación fomentada por el estrés.

Y hay un delicado equilibrio entre un estrés útil y el desastre paralizante. Lo segundo obstaculiza la innovación, pues debilita los recursos y las personas reorientan sus objetivos: si antes querían salir de una crisis, ahora solo piensan en sobrevivir.

Y quizás igual de importante es lo que ocurre cuando tenemos lo contrario. Cuando todo va de maravilla —cuando abunda la riqueza, cuando las perspectivas son positivas, cuando la responsabilidad es baja y las amenazas parecen desvanecidas— vemos algunos de los peores, más estúpidos y menos productivos comportamientos humanos.

El presidente Richard Nixon observó en una ocasión:

> Las personas más infelices del mundo son las que viven en balnearios internacionales como la costa sur de Francia, Newport, Palm Springs y Palm Beach. Que asisten a fiestas todas las noches. Que juegan al golf todas las tardes.

> Que beben demasiado. Que hablan demasiado. Que piensan demasiado poco. Jubilados. Sin ningún objetivo en la vida.
>
> Así que, mientras hay quienes estarían en total desacuerdo con eso y dirían: «Madre mía, ¡ojalá pudiera ser millonario! Eso sería lo más maravilloso del mundo. Si pudiera no tener que trabajar todos los días, si pudiera estar solamente pescando, o cazando, o jugando al golf, o viajando, esa sería la vida más maravillosa del mundo», no saben lo que es la vida. Porque lo que hace que la vida tenga sentido es tener algún objetivo. Una meta. La batalla, la lucha: aunque no la ganes.[112]

El emprendedor Andrew Wilkinson hizo alusión a eso mismo cuando dijo: «La mayoría de las personas con éxito son un trastorno de ansiedad andante puesto al servicio de la productividad».[113]

El inversor Patrick O'Shaughnessy escribe: «En mi experiencia, muchas de las personas con más talento que he conocido no podrían describirse como personas felices. De hecho, es probable que la mayoría puedan describirse como "atormentadas"».[114]

El miedo, el dolor y la lucha son elementos motivadores con los que los sentimientos positivos no pueden competir.

Esa es una gran lección de la historia y nos permite darnos cuenta de algo que siempre será verdad: cuidado con lo que deseas.

Una vida sin estrés ni preocupaciones suena de maravilla solo hasta que identificas la motivación y el progreso que impide. A nadie le encanta la adversidad —y es lógico que así sea—, pero deberíamos reconocer que es el combustible más potente para la resolución de problemas, pues es al mismo tiempo la raíz de lo que disfrutamos hoy en día y la semilla de la oportunidad de lo que disfrutaremos mañana.

Y a continuación, un relato sobre el peor día de Dwight Eisenhower y la cuestión imperecedera de los milagros y las catástrofes.

11

Tragedias inmediatas y milagros a largo plazo

Las buenas noticias son consecuencia de la acumulación, que siempre requiere tiempo, pero las malas se deben a una pérdida de confianza o a un error catastrófico, que pueden ocurrir en un abrir y cerrar de ojos.

Un hecho importante que explica muchas cosas es que las buenas noticias requieren tiempo, mientras que las malas noticias suelen ocurrir al instante.

Warren Buffett dice que se tarda veinte años en ganar una buena reputación y cinco minutos en echarla a perder.

Hay muchas cosas que funcionan de esta forma.

Es una parte natural de cómo funciona el mundo, impulsado por el hecho de que las buenas noticias son consecuencia de la acumulación, que siempre requiere tiempo, mientras que las malas noticias se deben a una pérdida de confianza o a un error catastrófico, que pueden ocurrir en un abrir y cerrar de ojos.

Dwight Eisenhower comió una hamburguesa el mediodía del 23 de septiembre de 1955. Por la noche dijo que sentía dolor en el pecho y le comentó a su esposa que las cebollas le producían acidez. Luego le entró el pánico. El presidente estaba sufriendo un fuerte ataque al corazón. Aquello hubiera podido matarlo. En ese caso, Eisenhower se habría unido a los más de 700 000 estadounidenses que fallecieron por enfermedades cardíacas ese año.[115]

Lo que ha sucedido desde entonces ha sido extraordinario. Pero son pocas las personas que le han prestado atención.

La tasa de mortalidad per cápita ajustada a la edad de las enfermedades cardíacas ha disminuido más de un 70 por ciento desde los años cincuenta, según los Institutos Nacionales de Salud de Estados Unidos.

Mueren tantos estadounidenses por cardiopatías que reducir esa tasa en un 70 por ciento lleva a una cifra de vidas salvadas que es difícil de asimilar.

Si esa tasa no hubiera disminuido —si no hubiésemos mejorado en el tratamiento de las cardiopatías y la tasa de mortalidad no se hubiera estancado desde los años cincuenta— habrían fallecido 25 millones de estadounidenses más de los que han muerto por enfermedades del corazón durante los últimos 65 años.

¡25 millones!

Incluso en un solo año, la mejora es increíble: más de medio millón de estadounidenses menos mueren ahora de enfermedades cardíacas cada año de los que morirían si no hubiésemos hecho ningún progreso desde los cincuenta. Eso significa un estadio de fútbol lleno de personas salvadas al mes.

¿Por qué esto no aparece en las portadas?

¿Por qué no vamos por las calles contando a voz en grito lo increíble que es y erigiendo estatuas a los cardiólogos?

Pues te diré por qué: porque la mejora ha sido demasiado lenta para que la gente se diera cuenta.

De media, la disminución anual en la mortalidad por cardiopatías entre 1950 y 2014 fue de un 1,5 por ciento al año.

¿Cómo reaccionarías si vieras un titular que rezara: «Las muertes por enfermedades cardíacas disminuyeron un 1,5 por ciento el año pasado»? Pues bostezarías y seguirías con tu vida.

Y eso es lo que hemos hecho.

Lo hacemos constantemente. Las cosas más importantes son consecuencia de la acumulación. Pero la acumulación requiere tiempo. Por eso es fácil ignorarla.

En el caso de las nuevas tecnologías pasan años o décadas hasta que la gente se da cuenta de su existencia, luego años o décadas hasta que más gente las acepta y las utiliza. Dime una nueva tecnología que se reconociera de inmediato por su pleno potencial y que se adoptara al instante de forma masiva. No existe ninguna. Buena parte del pesimismo está alimentado por que a menudo parece que hace años que no innovamos, pero eso suele deberse a que tienen que pasar años hasta que nos damos cuenta de la existencia de un nuevo invento. Eso se cumple incluso en las ciencias duras: el historiador David Wooton cuenta que pasaron 200 años desde que se descubrieron los microbios hasta que se aceptó en el ámbito de la medicina que los gérmenes provocan enfermedades, otros 30 años para descubrir la antisepsia y otros 60 hasta que se empezó a utilizar la penicilina.[116]

Y lo mismo vale para el crecimiento económico.

El PIB real per cápita se ha multiplicado por ocho en los últimos cien años. En los años veinte, Estados Unidos tenía el mismo PIB real per cápita que tiene hoy en día Turkmenistán. Nuestro crecimiento a lo largo del pasado siglo ha sido increíble. Pero el crecimiento del PIB es en promedio de un 3 por ciento anual, lo cual es fácil de ignorar en un año o década determinados, o durante la vida de una persona. Los estadounidenses de más de cincuenta años han visto el PIB real por persona por lo menos doblarse desde que nacieron. Pero las personas no recuerdan cómo era el mundo cuando nacieron. Recuerdan los últimos meses, cuando el progreso siempre es invisible.

Y lo mismo vale para las carreras profesionales, el progreso social, las marcas, las empresas y las relaciones. El progreso siempre requiere tiempo, a menudo demasiado tiempo para que siquiera nos demos cuenta de que ha ocurrido.

Pero ¿y las malas noticias?

No son ni escurridizas ni sutiles. Vienen al instante, tan rápidas que nos abruman y no podemos mirar hacia otro lado.

Pearl Harbor y el 11S es probable que sean las dos noticias más destacadas de los últimos cien años. Ambas sucedieron en poco más de una hora desde que empezaron hasta que terminaron.

La mayoría de la gente tardó menos de treinta días en pasar de no haber oído hablar nunca del covid-19 a que aquella enfermedad pusiera su vida patas arriba.

Lehman Brothers —una empresa con 158 años de historia— tardó menos de quince meses en pasar de alcanzar un récord histórico a entrar en quiebra. Y lo mismo les pasó a Enron, Fannie Mae y Freddie Mac, Nokia, Bernie Madoff, Muamar al Gadafi, la catedral de Notre Dame y la Unión Soviética. Cosas que han prosperado durante décadas pueden acabar arruinadas en pocos minutos. No existe un equivalente en la dirección contraria.

Y hay un buen motivo por el que eso es así.

El crecimiento siempre se abre paso desbancando competidores, y eso ralentiza su ascenso. Las nuevas ideas compiten por captar la atención, los modelos de negocio compiten contra los modelos vigentes, los rascacielos luchan contra la gravedad. Siempre hay un viento de cara. Pero todo el mundo se aparta cuando algo cae. Algunos tal vez intenten intervenir y ralentizar la caída, pero eso no atrae a grandes cantidades de personas ajenas que acuden a toda prisa a empujar en la dirección contraria, cosa que sí provoca el progreso.

Decenas de miles de millones de pasos concretos tienen que ir en la dirección adecuada y en el orden correcto para crear un ser humano. Pero solo tiene que ocurrir una sola cosa para provocar su muerte.

Tras solo cinco semanas, un embrión humano tiene un cerebro, un corazón latiente, un páncreas, un hígado y una vesícula biliar. En el momento de nacer, un bebé tiene cien mil millones de neuronas, 250 billones de sinapsis, once sistemas de órganos que cooperan y una personalidad. Es algo de una complejidad abrumadora.

La muerte, por otro lado, es sencilla. La mayoría de las muertes —por traumatismo, cardiopatía, accidente cerebrovascular, algunos cánceres, infecciones o sobredosis de drogas— están causadas por deficiencias de sangre y oxígeno. Nada más. Una enfermedad en sí puede ser compleja, pero el golpe definitivo es que no llega suficiente sangre y oxígeno al sitio donde se necesita.

Hacer un ser humano: algo incomprensiblemente complejo.

La muerte de un ser humano: algo de lo más sencillo.

De forma parecida, Yuval Noah Harari escribe: «Para disfrutar de un período de paz, hace falta que casi todo el mundo tome buenas decisiones. Por el contrario, una mala decisión de tan solo un bando puede desatar una guerra».

La idea de que algo es «complejo de hacer, pero fácil de romper» está por todas partes. Para construir algo hacen falta ingenieros expertos; para demolerlo basta con un mazo. Incluso cuando algo no se rompe con facilidad, aquello que podría romperlo suele ser más simple que lo que sirvió para armarlo.

La ironía es que el crecimiento y el progreso son mucho más poderosos que los contratiempos. Pero los contratiempos siempre van a captar más la atención por lo rápido que suceden. Así que el progreso lento en medio de un redoble de malas noticias es el estado normal de las cosas. No es algo a lo que sea fácil acostumbrarse, pero ese estado siempre va a acompañarnos.

En relación con esto, destacan un par de cuestiones.

Buena parte del progreso y las buenas noticias afectan a cosas que no ocurrieron, mientras que casi todas las malas noticias son sobre cosas que sí ocurrieron.

La buena noticia son los fallecimientos que no se produjeron, las enfermedades que no tuvimos, las guerras que nunca estallaron, las tragedias que se evitaron y las injusticias que se impidieron. A la gente le cuesta contextualizar esto o siquiera imaginarlo, por no decir medirlo.

Por el contrario, las malas noticias son visibles. Más que visibles, las tienes en tu cara. Es el ataque terrorista, la guerra, el accidente de tráfico, la pandemia, el crac bursátil y la batalla política de la que no puedes apartar la vista.

Es muy fácil dar por supuesto lo mucho que se puede progresar.

Si yo dijera: «¿Cuál es la probabilidad de que el estadounidense medio sea el doble de rico que ahora dentro de cincuenta años?», la pregunta parecería absurda. La probabilidad parece muy baja. ¿El doble de rico que en la actualidad? ¿Doblar lo que ya tiene? Parece algo demasiado ambicioso.

No obstante, si luego dijera: «¿Cuál es la probabilidad de que podamos lograr un crecimiento anual medio de un 1,4 por ciento durante los próximos cincuenta años?», sonaría casi como un pesimista. *¿Un 1 por ciento? ¿Solo eso?*

Pero esas cifras, naturalmente, son lo mismo.

Siempre ha sido así y siempre lo será.

Sobre una cuestión relacionada con esto: déjame compartir contigo una historia sobre las bombas nucleares para enseñarte lo fácil que es desatender los riesgos.

12

Diminuto y magnífico

Cuando las pequeñas cosas se acumulan para convertirse en algo extraordinario.

Una concepción habitual a lo largo de la historia es que la gente supone que las mayores empresas, países e innovaciones representan las mayores amenazas y crean las mayores oportunidades.

Pero así no es como suele funcionar el mundo.

Un estudio de la Universidad de Yale publicado en 2010 demostraba que una de las principales causas del incremento de la obesidad no es necesariamente que la gente coma más en las comidas, sino que se pica más durante el día.[117]

Este es un buen ejemplo de cómo funcionan muchas cosas.

La mayor parte de las catástrofes son el resultado de una serie de riesgos diminutos —cada uno de los cuales es fácil de ignorar— que se multiplican y acumulan hasta desembocar en algo enorme. Y también es cierto lo contrario: las cosas más maravillosas ocurren cuando algo diminuto e insignificante se va acumulando hasta crear algo extraordinario.

Una vez, los soviéticos fabricaron una bomba nuclear 1500 veces más potente que la que se tiró en Hiroshima.

Llamada *Tsar Bomba* (zar de las bombas), era diez veces más potente que todas las bombas convencionales lanzadas durante la Segunda Guerra Mundial juntas. Cuando se hizo un test en Rusia, la bola de fuego que originó se vio desde una distancia de más de 950 kilómetros. La nube en forma de hongo que generó subió hasta más de 65 kilómetros de altura.

El historiador John Lewis Gaddis escribió:

> La isla sobre la que tuvo lugar la explosión quedó literalmente arrasada, no solo de nieve sino también de rocas, de modo que parecía una inmensa pista de patinaje sobre hielo. Según una estimación [...], la tormenta de fuego resultante habría sepultado un área del tamaño del estado de Maryland.[118]

La primera bomba nuclear se fabricó para poner fin a la Segunda Guerra Mundial. Una década después, disponíamos de suficientes bombas para acabar con el mundo entero.

Sin embargo, había una extraña luz de esperanza ante lo mortíferas que eran esas bombas: era improbable que los países las emplearan en combate porque aumentaban mucho el riesgo. Si arrasas la capital del enemigo, él va a hacer lo mismo al cabo de 60 segundos: así que ¿de qué serviría? John F. Kennedy dijo que ningún país quería «una guerra que no dejaría una Roma intacta, sino dos Cartagos destruidas».

En 1960 superamos este dilema yendo en la dirección contraria. Fabricamos bombas nucleares más pequeñas y menos mortíferas.

Una de ellas, llamada Davy Crockett, tenía una potencia 650 veces inferior a la bomba lanzada sobre Hiroshima y podía dispararse desde la parte trasera de un Jeep.[119] Fabricamos minas terrestres nucleares que cabían en una mochila, con una cabeza nuclear del tamaño de una caja de zapatos.

Esas armas nucleares pequeñitas parecían más responsables, menos peligrosas. Podíamos utilizarlas sin acabar con el mundo.

Pero la apuesta salió mal.

Las bombas nucleares pequeñas tenían una mayor probabilidad de usarse en combate. Ese era su único propósito. Rebajaron el umbral del uso justificado.

Cambió el juego, y para peor.

El riesgo era que un país usara «con responsabilidad» una diminuta arma nuclear en una batalla, lo que iniciaría un aumento de la tensión como represalia que abriría la puerta a que se lanzase una de las bombas grandes.

Ningún país iniciaría una guerra con una bomba grande. Pero ¿tiraría una pequeña? Probablemente. Y ¿una pequeña justificaría que se tomasen represalias con una grande? Sí.

Así fue como las bombas pequeñas incrementaron la probabilidad de que se usaran las bombas grandes.

Los riesgos pequeños no eran la alternativa a los grandes; eran el desencadenante.

Los misiles soviéticos que había en Cuba durante la crisis de los misiles eran 4000 veces menos potentes que la *Tsar Bomba*.[120] Sin embargo, según el secretario de Defensa Robert McNamara, en caso de que los soviéticos hubieran disparado siquiera uno de ellos, Estados Unidos habría iniciado, con una «probabilidad de un 99 por ciento», un ataque como represalia con toda su fuerza nuclear.

Robert Oppenheimer, el físico que contribuyó a crear la bomba atómica, sentía una gran culpabilidad por la capacidad destructora del invento y presionó para que se adoptasen armas nucleares más pequeñas a fin de reducir el riesgo. Más adelante admitió que aquello era un error, porque incrementaba la probabilidad de que se produjera un ataque nuclear de gran envergadura.

Los grandes riesgos pueden ignorarse con facilidad, porque no son más que una reacción en cadena de pequeños acontecimientos que es fácil observar con indiferencia. Por eso la gente siempre subestima la probabilidad de los grandes riesgos.

Hemos visto como esto ocurría una y otra vez.

Nadie en 1929 pensaba que habría una Gran Depresión. La gente se habría reído de ti si en 1929 hubieras alertado de que el mercado bursátil estaba a punto de desplomarse casi un 90 por ciento y el desempleo a punto de aumentar hasta el 25 por ciento.

No es que la gente fuera autocomplaciente. A finales de los años veinte el mercado bursátil tenía unos precios excesivos, había especulación inmobiliaria y un mantenimiento insuficiente de las granjas. Eso era obvio. Estaba bien documentado. Se debatía sobre estas cuestiones. ¿Y qué? Ninguna de estas cuestiones, aislada, es un gran problema.

Hasta que no ocurrieron todas a la vez y se retroalimentaron no dieron lugar a la Gran Depresión.

Se desploma el mercado bursátil, el jefe pierde sus ahorros, despide trabajadores, esos trabajadores no pueden pagar la hipoteca y el banco se va al garete. Cuando los bancos entran en quiebra, la gente pierde sus ahorros. Cuando pierden sus ahorros, dejan de consumir. Cuando dejan de consumir, las empresas entran en quiebra. Cuando las empresas entran en quiebra, los bancos también lo hacen. Cuando los bancos entran en quiebra, la gente pierde sus ahorros. Y así hasta el infinito.

Lo mismo ocurrió con el covid-19.

Su impacto inicial fue catastrófico, parecía algo salido de la nada.

Pero no nos vimos afectados por un riesgo único, de uno entre miles de millones. Lo que sucedió —y solo puedo decir esto ahora, al echar la vista atrás— fue un cúmulo de pequeños riesgos que coincidieron y se multiplicaron.

Un nuevo virus saltó a los humanos (algo que ha pasado desde siempre) y esos humanos interactuaron con otras personas (por supuesto). Fue un misterio durante un tiempo (comprensible) y luego es probable que se ocultasen las malas noticias (malo, pero frecuente). Otros países pensaron que se frenaría su propagación (negación habitual) y no actuaron con la suficiente rapidez (burocracia). No estábamos preparados (optimismo excesivo) y solo pudimos responder con confinamientos generalizados (pánico, haz lo que sea necesario).

Ninguno de estos acontecimientos por sí solo es sorprendente. Pero, combinados, se convirtieron en una catástrofe.

La tragedia del aeropuerto de Tenerife, ocurrida en 1977, es el accidente de aviación más mortífero de la historia. El error fue pasmoso. Un avión despegó mientras otro aún estaba en la pista: los dos Boeing 747 chocaron, lo que provocó la muerte de 583 personas en una pista de esta isla española.

Tras el suceso, las autoridades se preguntaron cómo podía haber ocurrido una catástrofe tan terrible. En una investigación posterior se llegó a la conclusión de que se había producido exactamente así: «Once coincidencias y errores independientes, la mayor parte de ellos menores [...] tuvieron que suceder de forma precisa» para que se produjese el choque.[121] Muchos errores minúsculos se sumaron para formar uno grande.

Está bien suponer siempre que el mundo va a desmoronarse cerca de una vez por década, porque desde una perspectiva histórica siempre lo ha hecho. Las rupturas parecen sucesos de baja probabilidad, por eso es habitual pensar que van a dejar de ocurrir. Pero ocurren, una y otra vez, porque en realidad son acontecimientos de menor importancia, pero con una alta probabilidad, que se acumulan y acaban formando algo más grande.

Eso va contra la intuición, así que vamos a desatender los grandes riesgos, como siempre hemos hecho.

Y, claro está, lo mismo ocurre en la dirección contraria.

La fuerza más asombrosa del universo es obvia. Es la evolución. Aquello que desarrolló organismos unicelulares hasta convertirlos en humanos que pueden leer este libro en un iPad con un terabyte de almacenamiento. Aquello a lo que debemos nuestro sentido de la vista y la existencia de las aves voladoras o los sistemas inmunes.

No hay otra cosa en la ciencia que pueda asombrarte más que lo que ha logrado la evolución.

El biólogo Leslie Orgel solía decir: «La evolución es más inteligente que tú», porque cuando un crítico dice «la evolución nunca podría hacer esto», lo que le pasa es que le falta imaginación.[122]

También es fácil infravalorarla debido a unos cálculos básicos.

El superpoder de la evolución no es solo seleccionar rasgos favorables. Esa parte es muy aburrida y si te fijas solo en eso aumentarán tu escepticismo y tu confusión. El cambio de la mayoría de las especies en cualquier milenio es tan trivial que pasa desapercibido.

La verdadera magia de la evolución es que lleva 3800 millones de años seleccionando rasgos.

Ese tiempo —y no los pequeños cambios— es lo que marca la diferencia. Si tomas unos cambios minúsculos y los acumulas durante 3800 millones de años, obtienes unos resultados que son indistinguibles de la magia.

Esa es la verdadera lección de la evolución: si pones una cifra grande en la posición del exponente, no necesitas unos cambios extraordinarios para obtener unos resultados extraordinarios. No es intuitivo, pero es muy poderoso.

«La mayor carencia de la raza humana es nuestra incapacidad para entender la función exponencial», solía decir el físico Albert Bartlett.

Hay muchas cosas que funcionan así.

Un ámbito en el que solemos ver esta carencia en acción es el de las inversiones.

El inversor Howard Marks habló una vez de un inversor cuyos resultados anuales nunca figuraron en el cuartil superior, pero durante un período de catorce años estuvo entre el 4 por ciento superior de todos los inversores. Si ese inversor sigue con esa mediocre rentabilidad durante diez años más, puede estar en el 1 por ciento superior entre los inversores: uno de los mayores de su generación a pesar de no obtener nunca unos resultados anuales muy destacados.[123]

En el mundo de las inversiones se dedica mucha atención a lo que la gente es capaz de hacer ahora mismo, este año, y como mucho el año próximo. «¿Cuál es la mejor rentabilidad que puedo obtener?» parece una pregunta intuitiva que hacerse.

No obstante, al igual que la evolución, no es ahí donde se hace la magia.

Si entiendes las matemáticas que hay detrás de la acumulación, te das cuenta de que la pregunta más importante no es «¿cómo puedo obtener la rentabilidad más alta», sino «¿cuál es la mayor rentabilidad que puedo mantener durante el período más largo posible?».

Los cambios pequeños que se acumulan durante mucho tiempo dan como resultado unos cambios extraordinarios.

Esto nunca cambia.

Y, a continuación, nos fijaremos en los peligros del exceso de confianza.

13

Júbilo y desesperación

El progreso requiere que el optimismo y el pesimismo coexistan.

El optimismo y el pesimismo son dos sentimientos muy difíciles de manejar. El pesimismo es más seductor que el optimismo desde un punto de vista intelectual y atrae más nuestra atención. Es vital para la supervivencia, pues nos ayuda a prepararnos para los riesgos antes de que lleguen.

Pero el optimismo es igual de esencial. Creer que las cosas pueden ir a mejor y que van a mejorar incluso cuando las pruebas de que eso ocurra son poco claras es una de las partes más esenciales de todo, desde mantener una relación sólida hasta hacer una inversión a largo plazo.

Algo muy importante que hay que saber sobre cómo piensa la gente es que el progreso requiere que el optimismo y el pesimismo coexistan.

Parecen mentalidades en conflicto, por eso es más habitual que la gente prefiera una u otra. No obstante, saber cómo encontrar un equilibrio entre ambas siempre ha sido y siempre será una de las habilidades más importantes que hay que tener en la vida.

El mejor plan financiero es ahorrar como un pesimista e invertir como un optimista. Esa idea —la convicción de que las cosas van a mejorar mezclada con la realidad de que el camino entre el presente y el futuro será una cadena continua de contratiempos, decepciones, sorpresas y desconciertos— aparece a lo largo de toda la historia y en todos los ámbitos de la vida.

John McCain terminó siendo el prisionero de guerra más famoso en el conflicto bélico de Vietnam. Pero, en esa época, el prisionero de guerra de mayor rango era el almirante Jim Stockdale.

Stockdale fue sometido a torturas de forma habitual y en una ocasión intentó suicidarse por miedo a sucumbir y desvelar información militar sensible.

Décadas después de su liberación, a Stockdale le preguntaron en una entrevista acerca de lo deprimente que debía de haber sido la vida en la cárcel. Él contestó que, en realidad, nunca fue deprimente. Él nunca perdió la fe en que saldría vivo de allí: que sería liberado y volvería con su familia.

Puro optimismo, diríamos, ¿no?

Pues no exactamente.

A Stockdale luego le preguntaron quién lo pasó peor en la cárcel. Y él dijo que esa respuesta era sencilla:

—Los optimistas.

Los prisioneros que decían todo el tiempo: «En Navidad estaremos en casa» eran los que quedaban destrozados anímicamente cuando pasaba otra Navidad y seguían allí. «Morían de pena», dijo Stockdale.[124]

Hay un equilibrio, dijo, entre tener una fe inquebrantable en que las cosas van a mejorar y aceptar la dura realidad de los hechos, sean los que sean. Las cosas van a terminar mejorando. Pero no vamos a estar en casa en Navidad.

Ahí está el equilibrio: planificar como un pesimista y soñar como un optimista.

Esa mezcla es antintuitiva, pero es muy poderosa cuando se hace bien.

Mantener el optimismo al tiempo que aceptas la realidad de una situación desesperada es algo fascinante de presenciar.

«El sueño americano» es una expresión que empleó por primera vez el escritor James Truslow Adams en su libro *The Epic of America* [La epopeya de Estados Unidos], publicado en 1931.[125]

La cronología es interesante, ¿verdad? Cuesta encontrar un año en que el sueño pareciese más fallido que en 1931.

Cuando Adams escribió que «un hombre, a base de esfuerzo, empleando los talentos que tiene, adquiriendo las aptitudes necesarias, puede subir de un estatus inferior a uno superior, y su familia puede ascender con él», la tasa de desempleo era de casi un 25 por ciento y la desigualdad social estaba cerca del nivel más alto alcanzado en toda la historia de Estados Unidos.

Cuando escribió acerca de «ese sueño americano de una vida mejor, más rica y más feliz para todos nuestros ciudadanos de cualquier clase», estallaban disturbios por la falta de alimentos en todo el país, pues la Gran Depresión destrozó la economía.

Cuando escribió sobre «la posibilidad de crecer hasta un pleno potencial como hombres y mujeres, libres de los obstáculos que poco a poco se habían levantado en civilizaciones anteriores», las escuelas estaban segregadas y algunos estados exigían exámenes de alfabetización para votar.

En pocos momentos de la historia estadounidense la idea del sueño americano ha parecido tan falsa y tan desconectada de la realidad que vivía la sociedad.

Y, aun así, el libro de Adams obtuvo una gran popularidad. Una expresión optimista nacida durante un período oscuro de la historia de Estados Unidos se convirtió de la noche a la mañana en un término corriente.

Que en 1931 una cuarta parte de los estadounidenses no tuvieran trabajo no desbarató la idea del sueño americano. La caída de un 89 por ciento del mercado bursátil —y las colas para recibir alimentos gratuitos en todo el país— tampoco.

De hecho, es probable que el sueño americano se volviese más popular precisamente porque la situación era tan desesperada. No tenías que ver el sueño americano para creer en él; y gracias a Dios, porque en 1931 no se veía en ninguna parte. Solo tenías que creer que era posible y luego, de repente, ya te sentías un poquito mejor.

Las psicólogas Lauren Alloy y Lyn Yvonne Abramson tienen una teoría que me encanta llamada realismo depresivo. Es la idea de que las personas deprimidas tienen una percepción más precisa del mundo porque son más realistas acerca de lo arriesgada y frágil que es la vida.

Lo contrario del realismo depresivo es la «feliz inconsciencia». Es lo que padecemos muchos de nosotros. Pero en realidad no lo sufrimos, porque la sensación es maravillosa. Y esta sensación agradable es el combustible que necesitamos para levantarnos y seguir trabajando, aunque el mundo que nos rodea pueda ser objetivamente horroroso e impere el pesimismo.

En 1984 Jane Pauley entrevistó a Bill Gates, que entonces tenía veintiocho años.

—Hay quienes dicen que eres un genio —dijo Pauley—. Sé que este comentario puede incomodarte, pero...

Gates permanece inexpresivo. Sin mostrar sus emociones. Sin dar respuesta alguna.

—Ah, ya veo que eso no te incomoda —dice Pauley con una risa nerviosa.[126]

De nuevo, ninguna reacción por parte de Gates.

Por supuesto que era un genio. Y él lo sabía.

Gates abandonó los estudios universitarios a los diecinueve años porque pensaba que en todos los escritorios de todas las casas debía haber un ordenador. Solo haces eso cuando tienes una confianza inquebrantable en tus capacidades. Una vez, Paul Allen contó cómo conoció a Bill:

> Había tres cosas que identificabas enseguida al ver a Bill Gates. Que era muy inteligente. Que era muy competitivo; quería demostrarte lo inteligente que era. Y que era muy, pero que muy persistente.[127]

Sin embargo, Bill Gates también tenía otra cara. Diríase que era casi paranoia, prácticamente lo contrario de su confianza inquebrantable.

Desde el día en que creó Microsoft, insistió en que había que tener siempre liquidez suficiente en el banco para mantener la empresa a flote durante doce meses sin que entrasen ingresos.[128]

En 1995 Charlie Rose le preguntó por qué guardaba tanto dinero en lugar de invertirlo. Las cosas cambian tan deprisa en el sector de la tecnología que el negocio del año siguiente no está garantizado, dijo él. «Tampoco el de Microsoft.»

En 2007 hizo esta reflexión:

> Siempre me ha preocupado que la gente que trabajaba para mí era mayor que yo y tenía hijos, y siempre he pensado: «¿Y si no cobramos?: ¿cómo voy a pagar las nóminas?».

Aquí, una vez más, optimismo y confianza se mezclan con un fuerte pesimismo. Lo que Gates parece entender es que solo puedes ser optimista a largo plazo si eres lo bastante pesimista para sobrevivir a corto plazo.

Una cosa importante que hay que reconocer es que optimismo y pesimismo forman parte de un espectro.

En un extremo están los optimistas puros. Esas personas piensan que todo es fantástico y que siempre lo será, y ven toda negatividad como un defecto de carácter. En parte, eso se debe a su ego: tienen tal confianza en sí mismos que no pueden concebir que nada vaya a salir mal.

En el otro extremo tenemos a los pesimistas puros. Esos creen que todo es terrible y que siempre lo será, y ven toda positividad como un defecto de carácter. En parte, eso se debe a su ego: tienen tan poca confianza en sí mismos que no pueden concebir que nada vaya a salir bien. Son el polo opuesto a los optimistas puros y están igual de alejados de la realidad.

Ambos grupos son igualmente peligrosos, pero los dos pueden parecerte de lo más lógicos si consideras que optimismo y pesimismo son una cuestión de blanco o negro, es decir, que tienes que ser o de un grupo o del otro.

En la mitad está el término justo, donde están los que yo llamo optimistas racionales: aquellas personas que admiten que la historia es una cadena continua de problemas, decepciones y contratiempos, pero que no pierden su optimismo porque saben que los contratiempos no impiden que se acabe progresando. Parecen hipócritas y volubles, pero a menudo solo miran un poco más allá que los demás.

El truco en cualquier ámbito —de las finanzas a las carreras profesionales o las relaciones— está en ser capaz de sobrevivir a los problemas a corto plazo para mantenerse en pie lo suficiente para disfrutar del crecimiento a largo plazo.

Ahorra como un pesimista e invierte como un optimista.

Planifica como un pesimista y sueña como un optimista.

Estas habilidades pueden parecer contradictorias. Y lo son. Es intuitivo pensar que deberías ser, o bien un optimista, o bien un pesimista. Es difícil darse cuenta de que hay una ocasión y un lugar para ambas cosas y que las dos actitudes pueden —y deberían— coexistir. Pero es lo que se ve en casi cualquier proyecto exitoso a largo plazo.

La empresa que asume unos riesgos enormes al comercializar nuevos productos, con actitud optimista, pero a la que le aterra la deuda a corto plazo y que siempre quiere tener un buen colchón de liquidez como red de seguridad, con actitud pesimista.

El trabajador que rechaza una oportunidad lucrativa porque puede afectar a su reputación, lo que a largo plazo es mucho más valioso.

Y lo mismo con las inversiones. En mi libro *La psicología del dinero*, escribí: «Quiero conseguir unos beneficios cuantiosos, pero por encima de eso quiero ser inquebrantable en términos financieros. Y pienso realmente que, si soy inquebrantable, conseguiré los beneficios más cuantiosos, porque seré capaz de seguir ahí lo bastante para que el interés compuesto obre maravillas».

Una lección importante de la historia es que el largo plazo suele ser bastante bueno y el corto plazo suele ser bastante malo. Cuesta aceptar esas dos ideas y aprender cómo manejarlas con lo que parecen unas habilidades contradictorias. Quienes no saben hacerlo suelen terminar siendo, o unos pesimistas amargados, o unos optimistas arruinados.

Sigamos adelante. Ahora hablemos de otro tema que tampoco es intuitivo. Cuanto más perfecto intentes ser, peores cosas vas a terminar haciendo.

14

Víctimas de la perfección

Ser un poco imperfecto supone una ventaja enorme.

A la gente no le gusta aprovechar las oportunidades a medias. Es habitual sentir la urgencia de exprimir la mayor eficiencia y perfección posibles en lo que sea que estés haciendo. Parece que es lo correcto, en el sentido de que estás maximizando tu probabilidad de lograr el éxito.

Pero hay una desventaja habitual en querer conseguir la perfección que es muy fácil pasar por alto.

La idea clave de la evolución es que todo muere. El 99 por ciento de las especies ya se han extinguido; y las otras van a correr esta misma suerte algún día.

No hay una especie perfecta, una que esté adaptada a todo en todo momento. Lo mejor que puede hacer cualquier especie es ser buena en algunas cosas hasta que aquello que no se le da bien de repente cobra mayor importancia. Y luego la especie muere.

Hace un siglo, el biólogo ruso Iván Shmalgauzen describió cómo funciona esto.[129] Una especie que evoluciona hasta ser muy buena en una cosa tiende a volverse vulnerable en otra.[130] Un león más grande puede matar más presas, pero también será un objetivo más grande para los cazadores que le disparen. Un árbol más alto capta más luz solar, pero se vuelve vulnerable a los daños causados por el viento. Siempre hay cierta ineficiencia.

Así pues, en muy pocos casos las especies evolucionan hasta el punto de ser perfectas en nada, porque perfeccionar una habilidad va en detrimento de otra habilidad que al final va a terminar siendo crítica para la supervivencia. El león podría ser más grande y cazar más presas; el árbol podría ser más alto y recibir más luz solar. Pero no lo son, porque sería contraproducente.

Así que son todos un poco imperfectos.

La respuesta de la naturaleza es un montón de rasgos suficientemente buenos, por debajo del potencial máximo, en todas las especies. El biólogo Anthony Bradshaw dice que los éxitos de la evolución acaparan toda la atención, pero que sus fracasos son igual de importantes. Y así es como debería ser: no maximizar tu potencial es, de hecho, el punto justo en un mundo donde perfeccionar una habilidad pone en riesgo otra.

La evolución se ha pasado 3800 millones de años probando y comprobando la idea de que es positivo que haya cierta ineficiencia.

Sabemos que funciona.

Así que tal vez deberíamos prestarle más atención.

Muchas personas aspiran a tener una vida eficiente, en la que no se desperdicie ni una sola hora. Pero una habilidad que se suele olvidar y a la que no se presta suficiente atención es la de perder tiempo, que puede ser algo fantástico.

El psicólogo Amos Tversky dijo una vez que «el secreto para hacer buena investigación es estar siempre un poco subempleado. Pierdes años si no eres capaz de perder horas».

Una persona exitosa que deja a propósito espacios de tiempo libre en su horario para no hacer nada en particular puede sentirse ineficiente. Y lo es, por eso no hay mucha gente que lo haga.

Sin embargo, el argumento de Tversky es que, si tu trabajo consiste en ser creativo y en reflexionar sobre problemas complejos, entonces el tiempo destinado a deambular por un parque o a estar tumbado en un sofá sin objetivo alguno podrían ser tus horas más valiosas.

Cierta ineficiencia es maravillosa.

Todas las personas con las que he trabajado regresan de las vacaciones diciendo alguna variante de lo mismo:

«Ahora que he tenido un poco de tiempo para pensar,
me he dado cuenta de...»

«Con unos días para aclararme las ideas,
he llegado a la conclusión de...»

«Mientras estaba fuera, he tenido esta gran idea...»

La ironía es que las personas pueden hacer parte de su trabajo más importante fuera del trabajo, cuando tienen libertad para pensar y reflexionar. El problema está en que nos tomamos un período de descanso quizás una vez al año, sin darnos cuenta de que el tiempo para pensar es un elemento clave de muchos trabajos; un elemento, no obstante, que un horario laboral tradicional no suele tener en cuenta.

No todos los trabajos requieren creatividad o pensamiento crítico. Pero los que sí lo requieren funcionan mejor con tiempo dedicado a divagar y dar rienda suelta a la curiosidad, con actividades que quitan horas del horario de trabajo, pero que en realidad ayudan a abordar tus mayores problemas laborales.

Es difícil hacerlo, porque estamos atrapados en la idea de que una jornada laboral típica debería consistir en ocho horas ininterrumpidas sentados en una oficina.

Dile a tu jefa que has encontrado un truco que te va a hacer más creativo y productivo y ella te preguntará a qué esperas. Dile que el truco está en dar un paseo de 90 minutos en medio de la jornada laboral y ella te dirá que no, que tienes que trabajar. Otra forma de expresarlo es decir que muchos trabajadores tienen «trabajos de pensar» sin que se les deje mucho tiempo para pensar.

En una ocasión, el *New York Times* publicó esto sobre el ex secretario de Estado George Schultz:

> Su hora de soledad era la única forma que tenía de encontrar tiempo para reflexionar sobre los aspectos estratégicos de su cargo. El resto del tiempo estaba constantemente absorbido por los problemas tácticos inmediatos y nunca lograba centrarse en cuestiones de mayor alcance relevantes para el interés nacional.[131]

Albert Einstein lo expresó de esta forma:

> Dedico un tiempo a dar largos paseos por la playa para poder escuchar lo que está sucediendo dentro de mi cabeza. Si no me está yendo bien el trabajo, me tumbo en medio de la jornada laboral y me quedo mirando el techo mientras escucho y visualizo lo que está ocurriendo en mi imaginación.

Mozart se sentía de esa misma forma:

> Cuando viajo en carruaje, cuando camino después de una buena comida o cuando no puedo dormir por la noche: esas situaciones son el momento en que mis ideas fluyen mejor y con mayor abundancia.

Eso encaja con un estudio de la Universidad de Stanford según el cual andar aumenta la creatividad en un 60 por ciento.[132]

Alguien le preguntó una vez a Charlie Munger cuál era el secreto de Warren Buffett. «Yo diría que la mitad de su tiempo lo dedica a estar sentado leyendo.»[133] Tiene mucho tiempo para pensar.

El horario laboral tradicional de ocho horas es fantástico si tienes un trabajo repetitivo o con restricciones físicas. Sin embargo, para la gran y creciente cantidad de «trabajos de pensar», podría no serlo.

Tal vez sería mejor tomarte dos horas por la mañana para quedarte en casa dándole vueltas a algún gran problema.

O dar un largo paseo al mediodía para reflexionar sobre por qué algo no funciona.

O salir a las tres de la tarde y pasarte el resto del día concibiendo una nueva estrategia.

No se trata de trabajar menos. Es todo lo contrario: hay un montón de trabajos que en realidad nunca terminan y, si no reservas tiempo para pensar y dar rienda suelta a la curiosidad, acabas siendo menos eficiente durante las horas que están dedicadas a estar sentado en la oficina produciendo a destajo. Esto es lo contrario del concepto de *hustle porn* o «porno del agotamiento», en el que las personas quieren parecer atareadas todo el rato porque creen que eso es algo noble.

Nassim Taleb dice: «Mi único indicador del éxito es cuánto rato tienes para matar el tiempo».[134] Más que un indicador de éxito, yo creo que es un ingrediente clave. El calendario más eficiente del mundo —un calendario en el que cada minuto esté lleno de productividad— va en detrimento de la divagación curiosa y el pensamiento ininterrumpido, elementos que terminan siendo los factores que más contribuyen al éxito.

Otra forma de ineficiencia útil es una empresa cuyas operaciones incorporan períodos de inactividad.

La fabricación *just-in-time* —en la que las empresas no almacenan los componentes que necesitan para fabricar productos, sino que dependen de los suministros de piezas que llegan en el último momento— había sido el paradigma de las operaciones eficientes durante veinte años. Luego llegó el covid-19, se rompieron las cadenas de suministro y casi todos los fabricantes se vieron terriblemente faltos de lo que necesitaban.

La ironía es profunda: en 2022, durante uno de los mayores bums de gasto de los consumidores de la historia, los fabricantes de automóviles tuvieron que cerrar fábricas porque no tenían chips, frenos ni pintura. No había margen de error. El objetivo del negocio era que no hubiera margen de error, pero aquello fue del todo contraproducente. Un poco de ineficiencia en el conjunto de la cadena de suministros habría sido el punto justo óptimo. El margen de error se ve a menudo como un coste, un lastre, una ineficiencia. Pero a largo plazo puede generar algunas de las mayores recompensas que se puedan imaginar.

Y lo mismo a la hora de invertir. La liquidez es un lastre ineficiente en los mercados alcistas y algo valioso como el oxígeno en los mercados bajistas. El apalancamiento es la manera más eficaz de maximizar tu balance de cuentas y la mejor forma de perderlo todo. La concentración es la mejor forma de maximizar la rentabilidad, pero la diversificación es la mejor manera de incrementar la probabilidad de tener participaciones de una empresa capaz de generar réditos. Y suma y sigue.

Si eres sincero contigo mismo, verás que el punto ideal requiere un poco de ineficiencia.

Y lo mismo con el análisis. En el sector de las inversiones se cuenta una bromita según la cual es mejor acertar aproximadamente que errar con precisión. Pero ¿a qué se dedica el esfuerzo intelectual en el sector de las inversiones? A la búsqueda de precisiones: una exactitud que llega a los decimales engaña a las personas haciéndoles pensar que no están pasando por alto ningún factor, cuando con mayor frecuencia lo que están haciendo es no dejar margen de error para los posibles fallos de su análisis.

Invertir en tu futuro a largo plazo es algo fantástico, desde luego, porque la probabilidad de que la economía aumente su productividad y su valor es bastante alta. Pero intentar predecir la trayectoria exacta que tomaremos para llegar allí puede ser un gran desperdicio de recursos.

Yo digo que mi modelo de predicción es «suficientemente bueno».

Confío en que con el tiempo las personas resolverán problemas y se volverán más productivas.

Confío en que con el tiempo los mercados asignarán las recompensas de esa productividad a los inversores.

Confío en el exceso de confianza de las demás personas, por eso sé que por el camino va a haber errores, accidentes, períodos de prosperidad y de crisis.

No es un plan detallado, pero sí lo suficientemente bueno.

Cuando tu modelo para hacer pronósticos es así de sencillo, liberas tiempo y ancho de banda para otras actividades. A mí me gusta estudiar los comportamientos de inversión que nunca cambian y no tendría tiempo de hacer esto si me pasase toda la jornada prediciendo cómo va a evolucionar la economía en el próximo trimestre. Y lo mismo es válido para casi todos los ámbitos. Cuanto más preciso intentas ser, menos tiempo te queda para centrarte en reglas generales que probablemente sean más importantes. No se trata tanto de admitir que no podemos hacer pronósticos, sino más bien de reconocer que, si tu predicción es solo lo suficientemente buena, puedes invertir tu tiempo y tus recursos con mayor eficiencia en otras cosas.

Al igual que la evolución, la clave está en darse cuenta de que, cuanto más perfecto intentas ser, por lo general más vulnerable eres.

Y, a continuación, una de las historias más disparatadas que conozco. Va sobre otro riesgo que es fácil ignorar: el inconveniente de los atajos.

15

Nadie dijo que fuera fácil

Todo lo que merece la pena exige un poco de dolor. El truco está en que no te importe que duela.

Déjame que te cuente algunas ideas sobre el atractivo y el peligro de los atajos.

Hay pocas historias que pongan tanto la carne de gallina como la de la expedición Donner.[135]

Ochenta y siete personas encabezadas por la familia Donner salieron de Springfield, Illinois, en 1846 para trasladarse a California, que entonces parecía estar en el otro extremo del mundo, pero que albergaba la promesa de hacer fortuna e iniciar una nueva vida.

El viaje era agotador y arriesgado incluso si todo iba bien, pues se tardaba varios meses y se estaba bajo la constante amenaza de ser víctima de un ataque por parte de los nativos americanos, las enfermedades y el mal tiempo.

A medio camino, los Donner, exhaustos debido a los meses que llevaban de camino, siguieron el consejo de un explorador de Ohio llamado Lansford Hastings, quien los convenció de que podían ahorrarse unos tres o cuatro días de viaje tomando un atajo por lo que en la actualidad es Utah y evitando la ruta tradicional y bien conocida por lo que a día de hoy es el sur de Idaho.

Hastings estaba equivocado en casi todos los aspectos. El «atajo» era mucho más largo y más arduo que la ruta tradicional, y llevó al grupo a tener que soportar el calor sofocante del desierto del Gran Lago Salado en pleno verano. La expedición casi se quedó sin agua, perdió la mayoría de sus bueyes y, lo peor de todo, sumó un mes al viaje.

Ese retraso no podría haber sido más catastrófico.

La expedición Donner ahora cruzaría las montañas de Sierra Nevada, cerca del lago Tahoe, en pleno invierno, en lugar de hacerlo a finales de otoño, como estaba previsto de entrada. El invierno de 1847 resultó ser uno de los más duros de los que se tiene registro y los Donner tuvieron que intentar cruzar bancos de nieve de entre tres y seis metros de altura. Aquello era casi imposible para el grupo, pues más de la mitad de las ochenta y una personas que quedaban en la expedición tenían menos de dieciocho años. Detuvieron el viaje y esperaron a que pasara el invierno lo mejor que pudieron. Poco después, el hambre se apoderó del grupo y sus miembros empezaron a morir en grandes cantidades.

En ese momento los supervivientes de la expedición Donner recurrieron a lo que los haría famosos durante largo tiempo: el canibalismo.

Se cortaba carne de los muertos y se etiquetaba meticulosamente para impedir que un superviviente tuviera que comer carne de un miembro de su propia familia. Georgia Donner, que tenía cuatro años durante aquella dura experiencia, recordaría años después que le daban para comer extraños trozos de carne: «Papá estaba llorando y no nos miraba en ningún momento [...]. No había nada más».

Todo eso, tenlo presente, porque se vieron tentados a tomar un atajo.

Hay una escena en la película *Lawrence de Arabia* en la que Lawrence apaga una cerilla con los dedos y no da ninguna muestra de dolor. Otro hombre que lo está mirando intenta hacer lo mismo y grita de dolor.

—¡Ay! ¡Cómo duele! Pero ¿dónde está el truco? —pregunta.

—El truco está en que no te importe que duela —dice Lawrence.[136]

Esta es una de las habilidades más útiles en la vida: soportar el dolor cuando sea necesario, en lugar de suponer que hay un truco o un atajo para evitarlo.

Una vez, un compañero que tuve en una empresa en la que trabajaba contrató a un asesor de redes sociales. Durante la sesión de tres horas, el asesor nos habló de los *hashtags*, nos contó a qué hora del día teníamos que publicar en Twitter, cómo hacer hilos de publicaciones hace aumentar la participación de los usuarios y muchos otros truquitos.

El chaval era simpático. Pero en ningún momento hizo mención del truco más eficaz en las redes sociales: redactar buenos contenidos que a la gente le apetezca leer.

Y no dijo nada de eso porque redactar buenos contenidos no es un truco. Es complicado. Requiere tiempo y creatividad. No es algo que se pueda fabricar. Y funciona con un índice de éxito de casi el cien por cien. Pero es el equivalente en las redes sociales de una rutina de ejercicio dura.

Y lo mismo puede decirse de las dietas, las finanzas, el *marketing*, etc. Todo el mundo quiere atajos. Siempre ha sido así, pero sospecho que esto está empeorando, pues la tecnología infla nuestra referencia de la rapidez con que se deberían obtener resultados.

Los trucos son atractivos porque parecen un camino que conduce al premio sin tener que esforzarse. Pero en el mundo casi nunca hay tal cosa.

Charlie Munger dijo una vez: «La vía más segura para intentar conseguir lo que quieres es intentar merecerlo. Es una idea de lo más simple. Es la regla de oro. Lo que tienes que ofrecer al mundo es lo que tú comprarías si estuvieras en el otro lado».[137]

En 1990, David Letterman preguntó a su amigo Jerry Seinfeld cómo iba su nueva *sitcom*.

Jerry dijo que había un problema frustrante: la NBC proporcionaba al programa equipos de guionistas y a él no le parecía que le estuvieran dando mucho material bueno.

—¿No sería más raro que fueran buenos? —preguntó David.

—¿A qué te refieres? —inquirió Jerry.

—¿No sería raro que todos fueran capaces de producir montones de material graciosísimo todos los días?[138]

Al recordar la conversación, Seinfeld se rio y le dijo a Letterman:

—Nadie dijo que fuera fácil.

Por supuesto que no lo es. El motivo por el que alguien como Jerry Seinfeld —o Michael Jordan, o Serena Williams— es tan famoso es porque solo hay uno. Lo que han logrado es increíblemente difícil y eso es lo que admiramos.

La *Harvard Business Review* una vez señaló que en parte la razón por la que Jerry Seinfeld puso fin a su programa fue el agotamiento profesional de los guionistas. La revista le preguntó si él y el cocreador del programa, Larry David, podrían haber evitado ese agotamiento y seguir con el programa en antena si hubieran contratado a una consultoría como McKinsey para crear un proceso de redacción del guion más eficiente.

Seinfeld preguntó si los de McKinsey eran graciosos.

No, dijo la revista.

—Entonces no los necesito —respondió—. Si eres eficiente, lo estás haciendo mal. La vía correcta es la difícil. El programa era un éxito porque yo lo gestionaba todo en persona: cada palabra, cada línea, cada toma, cada edición, cada *casting*.[139]

Si eres eficiente, lo estás haciendo mal.

Esto es muy antintuitivo, pero creo que pone de manifiesto a la perfección el peligro de los atajos. De alguna manera, eso requiere, sencillamente, entender los costes del éxito.

Una vez Jeff Bezos habló de la realidad de que te encante tu trabajo:

> Si consigues disfrutar de la mitad de tu vida laboral, ya es algo espectacular. Muy pocas personas lo logran.
>
> Porque la realidad es que todo tiene un precio. Esa es la realidad. Todo tiene partes que a uno no le gustan.
>
> Aunque seas magistrado del Tribunal Supremo, seguirá habiendo partes de tu trabajo que no te van a gustar. Aunque seas catedrático de universidad, tendrás que ir a reuniones de comisiones. Todos los trabajos tienen partes que a uno no le gustan.
>
> Y tenemos que decirlo: eso forma parte de la vida laboral.[140]

Eso forma parte de la vida laboral.

Forma parte de todo. El consejo de Bezos puede aplicarse a muchas más cosas aparte de la vida profesional.

Una regla sencilla, que es obvia pero fácil de ignorar, es que nada a lo que merezca la pena dedicarse sale gratis. ¿Cómo podría no ser así? Todo tiene un precio y el precio suele ser proporcional a las potenciales recompensas.

Sin embargo, lo que no suele haber es una etiqueta con ese precio. Y ese precio no se paga con dinero. La mayoría de las cosas a las que merece la pena dedicarse se cobran su precio en forma de estrés, incertidumbre, tener que lidiar con personas estrafalarias, burocracia, los incentivos contrapuestos de otras personas, problemas, sandeces, horas extras y dudas constantes. Ese es el coste de progresar.

Muchas veces merece la pena pagar ese precio. Pero tienes que darte cuenta de que es un precio que hay que pagar. Hay pocos vales y las rebajas son infrecuentes.

Algo que es fácil pasar por alto en la vida es que hay un cierto grado de ineficiencia que no solo es inevitable, sino que es ideal.

Steven Pressfield se pasó treinta años escribiendo antes de publicar *The Legend of Bagger Vance* [La leyenda de Bagger Vance]. Hasta que llegó a ese punto, su carrera fue desoladora; hubo una época en que vivía en un piso tutelado porque así le salía barato el alquiler.

Una vez describió a las personas que vivían allí como las más divertidas e interesantes que hubiera conocido nunca. Dijo que pronto se dio cuenta de que no estaban chifladas, ni mucho menos. Eran, por el contrario, «las personas más inteligentes», que sencillamente «se habían percatado de las tonterías de la vida». Y por eso «no sabían funcionar en el mundo».

«No podían tener un trabajo porque sencillamente no podían aguantar las tonterías», dijo. El resto del mundo veía a esas personas como unos marginados, porque no encajaban. Pero, en realidad, dijo Pressfield, eran los genios que no podían soportar las sandeces del resto de las personas.[141]

Esto me recuerda a algo que creo desde hace mucho tiempo.

Si reconoces que la ineficiencia —las «tonterías», como lo expresa Pressfield— es omnipresente, entonces la pregunta no es «¿cómo puedo evitar toda esa ineficiencia?», sino «¿cuál es la cantidad óptima de ineficiencia que tengo que soportar para poder seguir funcionando en un mundo caótico e imperfecto?».

Si tu tolerancia es cero —si eres alérgico a las diferencias de opinión, a los incentivos personales, a las emociones, las ineficiencias, los errores de comunicación y cosas por el estilo—, tus probabilidades de éxito en cualquier cosa que requiera a otras personas son casi cero. No puedes funcionar en el mundo, como dice Pressfield. El otro extremo del espectro —aceptar por completo cualquier absurdidad y engorro— es algo igual de malo. El mundo se te va a comer vivo.

Lo que es fácil de pasar por alto es que hay cosas negativas que se convierten en problemas más grandes cuando intentas eliminarlas. Creo que las personas más exitosas reconocen cuándo cierta cantidad de aceptación vence la pureza. Los robos son un buen ejemplo. Un supermercado podría eliminar los robos registrando a todos los clientes que salen de la tienda hasta el extremo de obligarlos a desnudarse. Pero luego nadie compraría en esa tienda. Así que el nivel óptimo de robos nunca es cero. Aceptas cierta cantidad de hurtos como un coste inevitable del progreso.

La ineficiencia, en todas sus formas, es algo parecido.

Una habilidad única, una habilidad infravalorada, es identificar la cantidad óptima de molestias y absurdidades que uno tiene que soportar para progresar mientras va avanzando.

Franklin Roosevelt —el hombre más poderoso del mundo, quien, debido a la parálisis que padecía, a menudo necesitaba que sus ayudantes lo llevasen al baño— dijo una vez: «Si no puedes utilizar tus piernas y te traen leche cuando querías zumo de naranja, aprendes a decir: "ya me va bien", y bebes lo que haya».[142]

Cada sector y cada trayectoria profesional es distinto, pero supone valor universal aceptar las molestias que se produzcan cuando la realidad lo exige.

La volatilidad. Personas que tienen un mal día. La política de la oficina. Personalidades difíciles. La burocracia. Todas estas cosas son negativas. Pero hay que soportarlas todas en cierta medida si uno quiere llegar a hacer algo.

Muchos directivos tienen poca tolerancia a las sandeces. Creen que eso es algo noble. «Yo exijo excelencia», dicen. Pero esto no es realista. La inmensa mayoría de ellos no van a prosperar en su carrera profesional. Los efectos de la acumulación son consecuencia de la capacidad de resistencia, así que soportar períodos de locura no es un defecto; es aceptar un nivel óptimo de molestias.

Y lo mismo ocurre en los negocios. Mi amigo Brent dice que dirigir una empresa es como masticar cristales mientras te pegan puñetazos en la cara: «A menudo nada funciona. Las emociones se desbordan. Reina la confusión». También lo ha comparado con una batalla diaria: te levantas todas las mañanas, coges el cuchillo, te enfrentas a desafíos y rezas para volver a casa vivo. Pero gestionar esas molestias hace que pueda ser lucrativo. «El que algo quiere, algo le cuesta», suele recordar a la gente. Hay un nivel óptimo de molestias que hay que aceptar, o incluso desear.

Otra ventaja: una vez que aceptas cierto grado de ineficiencia, dejas de negar su existencia y tienes una percepción más clara de cómo funciona el mundo.

Una vez compartí un vuelo con un director ejecutivo —hacía saber a todo el mundo que ese era su cargo— que perdió los estribos porque nos cambiaron dos veces la puerta de embarque. Yo me pregunté: ¿cómo habrá llegado tan lejos en la vida sin la capacidad de gestionar pequeñas molestias que escapan a control? La respuesta más probable es que no acepta que hay cosas que se escapan de su control y exige una precisión poco realista de sus subordinados, quienes lo compensan escondiéndole malas noticias.

Una buena regla que sirve para muchas cosas es identificar el precio y estar dispuesto a pagarlo. El precio, en muchos casos, es soportar una cantidad óptima de molestias.

Y, a continuación, una verdad dolorosa: la única cosa más difícil que obtener una ventaja competitiva es mantenerla.

16

Sigue corriendo

La mayor parte de las ventajas competitivas acaban desvaneciéndose.

La evolución es buena en su trabajo. Y una de las cosas que hace es dar a los animales un cuerpo más grande a lo largo del tiempo.

Edward Drinker Cope fue un paleontólogo del siglo XIX. Su obra, denominada más adelante «regla de Cope» —que no es lo bastante universal para llamarla ley—, rastreaba los linajes de miles de especies y ponía de manifiesto un claro sesgo que indicaba que los animales evolucionaban para hacerse más grandes a lo largo del tiempo.[143]

Los caballos pasaron de tener el tamaño de un perro pequeño a su altura actual. Las serpientes, de unos dos centímetros y medio a las boas actuales. Los dinosaurios, de lagartijas de siete centímetros a un brontosaurio. Y los humanos, de unos ancestros que hace millones de años tenían una altura media de menos de 1,20 metros a nuestra estatura actual.

Esto no es sorprendente. Unas especies de mayor tamaño son mejores capturando presas, pueden recorrer distancias más largas y pueden tener unos cerebros más grandes.

La pregunta obvia es: ¿por qué la evolución no ha hecho que todas las especies sean enormes?

Dos científicos, Aaron Clauset, del Instituto de Santa Fe, y Douglas Erwin, del Museo de Historia Natural, explicaron por qué en un artículo que lo resumía con una frase maravillosa: «La tendencia de la evolución a crear especies más grandes se ve compensada por la tendencia de la extinción a exterminar a las especies más grandes».[144]

El tamaño del cuerpo en biología es como el apalancamiento en las inversiones: potencia las ganancias, pero amplifica las pérdidas. Funciona bien durante un tiempo y luego el tiro sale por la culata de forma espectacular, en un punto en que los beneficios están bien pero las pérdidas son letales.

Pensemos en las lesiones. Los animales grandes son frágiles. Una hormiga puede caer desde una elevación de 15 000 veces su altura y salir indemne. Una rata se rompe algún hueso si cae de una elevación de 50 veces su altura. Un humano muere si sufre una caída desde una elevación de diez veces su altura. Un elefante que cae desde el doble de su altura salpica como un globo de agua.[145]

Los animales grandes también necesitan mucho terreno per cápita, lo cual es tremendo cuando el terreno escasea. Necesitan más comida por unidad de masa corporal que los animales pequeños, lo que lleva a un desenlace fatal en un período de hambruna. No pueden esconderse con facilidad. Se mueven con lentitud. Su gestación es lenta. Su estatus en la cúspide de la cadena alimentaria significa que no suelen tener que adaptarse, lo cual es un rasgo desafortunado cuando llega la hora de adaptarse. Las criaturas más dominantes tienden a ser enormes, pero las más resistentes suelen ser más pequeñas. Tiranosaurio rex < cucaracha < bacterias.[146]

Lo que es increíble es que la evolución te anima a hacerte más grande, pero luego te castiga por serlo.

Es una señal reveladora de lo que sucede en muchos ámbitos de la vida: las ventajas competitivas no se mantienen durante mucho tiempo.

Déjame que te enseñe cómo eso se materializó en una de las empresas más historiadas de Estados Unidos: Sears.

La única cosa que es más difícil que obtener una ventaja competitiva es no perder esa ventaja cuando la has conseguido.

Si fueras guionista de cine y tuvieras que inventarte una falsa empresa con la ventaja competitiva más potente que pudieras imaginar, probablemente se te ocurriría algo que se parecería a lo que fue Sears en los años setenta.

Sears era la mayor empresa de comercio minorista del mundo, con sede en el edificio más alto del mundo y con una de las plantillas más extensas del planeta.

«Nadie tiene que decirte que has llegado al lugar correcto. La imagen de autoridad comercial es total e inequívoca», escribió el *New York Times* en 1983 acerca de Sears.[147]

A Sears se le daba tan bien el comercio minorista que en los años setenta y ochenta se adentró en otras áreas, como las finanzas. Era propietaria de Allstate Insurance, la empresa de tarjetas de crédito Discover, la correduría Dean Witter para tus acciones y la inmobiliaria Coldwell Banker para tu casa.

Sears era, en casi todos los sentidos, el Amazon de su época: tan dominante en la eficiencia del comercio minorista que podía extender su magia a otros sectores, donde aterrorizaba a sus rivales. El *Times* escribía en 1974:

> Donald T. Regan, presidente de Merrill Lynch [...] indicó ayer que la empresa se ve finalmente como una Sears del negocio de las inversiones [...]. «Debemos volvernos lo más eficientes posible para que los costes para el consumidor sean bajos», dijo. «Eso es lo que hizo que Sears fuera un éxito y es una regla que debemos tener presente».[148]

Y luego se desmoronó todo.

La creciente desigualdad de ingresos empujó a los consumidores a comprar, o bien gangas, o productos de lujo, lo que dejó a Sears en un segmento medio que iba encogiéndose. Llegó la competencia de Walmart y Target, unos comercios minoristas más jóvenes y más hambrientos.

A finales de la primera década del siglo XXI, Sears era una pequeña parte de lo que había sido. SÍ, TENEMOS ABIERTO, rezaba un cartel que había fuera de la tienda Sears de mi barrio: un recordatorio a los clientes, que prácticamente habían liquidado la empresa.

La historia de cómo Sears perdió su ventaja competitiva es fascinante. Pero no es única. En muchos aspectos, es el resultado por defecto de compañías que tiempo atrás habían sido dominantes.

Que una empresa empiece a cotizar en bolsa es una señal de que ha encontrado una ventaja competitiva suficiente para aumentar su tamaño y convertirse en una gran compañía. Pero casi el 40 por ciento de las sociedades cotizadas perdieron todo su valor entre 1980 y 2014.[149] En la lista de las diez compañías de mayor valor del Fortune 500 que se declararon en quiebra figuran General Motors, Chrysler, Kodak, etc.; y Sears. La lista de aquellas que ya no tienen nada que ver con lo que fueron es más larga e incluye a General Electric, Time Warner, AIG y Motorola. Los países siguen un destino parecido. En distintos momentos de la historia, el progreso científico y económico del mundo ha estado dominado por Asia, Europa u Oriente Medio.

Cuando algo que había sido poderoso pierde una ventaja, es tentador ridiculizar los errores de sus dirigentes. Pero es fácil pasar por alto la gran cantidad de fuerzas que te alejan de una ventaja competitiva una vez que la has conseguido, precisamente porque la tienes. El éxito tiene su propia ley de la gravedad. «Cuanto más arriba trepa un mono por un árbol, mejor le puedes ver el culo», decía el magnate del petróleo T. Boone Pickens.

Hay cinco elementos que suelen socavar las ventajas competitivas.

El primero es que tener razón te da la confianza de que no puedes estar equivocado, lo cual es una característica terrible en un mundo en el que un caso atípico de éxito lleva una diana en su espalda y tiene a los competidores detrás. El tamaño se asocia con el éxito, el éxito se asocia con la soberbia y la soberbia es el principio del fin del éxito.

El segundo es que el éxito tiende a conducir al crecimiento, en general a propósito, pero una gran empresa es un animal distinto de una pequeña y las estrategias que condujeron al éxito con el tamaño inicial pueden ser imposibles de aplicar con otras dimensiones. Hay una larga historia de gestores de fondos de inversión que fueron magníficos en una década pero consiguieron unos resultados decepcionantes en la siguiente. Parte de esto se debe al cambio de sentido de la fortuna. Pero el éxito también atrae capital y un fondo de inversión grande no es tan ágil como uno pequeño. La versión de esto en las trayectorias profesionales es el principio de Peter: los trabajadores con talento van consiguiendo ascensos hasta que están demasiado involucrados, entonces fracasan.

El tercer elemento es la ironía de que las personas a menudo trabajan duro para obtener una ventaja competitiva con el propósito de no tener que trabajar tan duro más adelante. El trabajo duro se debe a que se persigue un objetivo, y, una vez que se ha logrado el objetivo, la relajación —que parece muy justificada— aparta la paranoia. Eso permite que los competidores y un mundo cambiante vayan adentrándose poco a poco sin que se note.

Un cuarto elemento es que una habilidad que es valiosa en una época puede no serlo en la siguiente. Puedes trabajar tan duro y con tanta paranoia como siempre, pero si el mundo ya no valora tu habilidad, fracasas. Es habitual convertirse en un poni que hace un solo número, porque la gente y las empresas que son buenas haciendo una cosa concreta tienden a ser los mejor pagados durante el bum.

El último es que parte del éxito se debe a estar en el lugar correcto en el momento oportuno. La inversión de la realidad que pone al descubierto la buena suerte a menudo solo es obvia *a posteriori*, y es tan aleccionador como tentador no creerlo.

La idea de que una ventaja tiene fecha de caducidad es una parte fundamental del crecimiento. No tiene por qué ser una tragedia: no todas las ventajas competitivas terminan como Sears. Reino Unido perdió la supremacía económica y militar que había tenido durante el siglo XIX y siguió siendo un lugar que está muy bien para vivir durante el siglo XX.

Pero las ventajas competitivas suelen durar poco, a menudo porque su éxito planta las semillas de su propio declive.

Leigh Van Valen fue un biólogo evolutivo de aspecto chiflado a quien se le ocurrió una teoría tan disparatada que ninguna revista académica la quería publicar. Por eso creó su propia revista y la publicó, y la comunidad científica terminó aceptando sus ideas.

Las ideas de este tipo —contraintuitivas, pero en definitiva verdaderas— son aquellas a las que merece más la pena prestar atención, porque son las más fáciles de pasar por alto.

Durante décadas, los científicos supusieron que, cuanto más tiempo hubiera existido una especie, mayor probabilidad tenía de seguir existiendo, porque la edad era una prueba de una fortaleza que era probable que perdurase. La longevidad se consideraba tanto un trofeo como un pronóstico.

A principios de los años setenta, Van Valen se propuso demostrar que esa idea, comúnmente aceptada, era cierta. Pero no pudo. Los datos no encajaban.

Empezó a preguntarse si la evolución era una fuerza tan implacable y despiadada que las especies que vivían más tiempo sencillamente eran afortunadas. Los datos encajaban mejor en esa teoría.

Uno podría pensar que una nueva especie que descubre su nicho tendría que ser frágil y susceptible a la extinción —pongamos que tiene un 10 por ciento de probabilidades de extinguirse en un período determinado—, mientras que una especie de mayor antigüedad habría demostrado su potencia y tendría, por decir algo, un 0,01 por ciento de probabilidades de extinguirse.

No obstante, cuando Van Valen hizo un gráfico con las extinciones según la edad de una especie, la tendencia parecía más bien una línea recta.

Algunas especies sobrevivían durante un largo tiempo. Pero, entre grupos de especies, la probabilidad de extinción era aproximadamente la misma tanto si tenían 10 000 años de antigüedad como si tenían diez millones.

En un artículo publicado en 1973 titulado «Una nueva ley evolutiva», Van Valen escribió que «la probabilidad de extinguirse de un taxón es, efectivamente, independiente de su antigüedad».

Si tienes mil canicas y sacas un 2 por ciento todos los años, algunas canicas seguirán estando en el tarro pasados 20 años. Pero la probabilidad de que las saquen del tarro es la misma cada año (un 2 por ciento). Las canicas no mejoran por quedarse en el tarro.

Pues con las especies sucede lo mismo. Algunas viven más tiempo, pero su probabilidad de supervivencia no mejora con el tiempo.

Van Valen sostenía que es así porque la competencia no es como un partido de fútbol que termina con un ganador que luego puede tomarse un descanso.[150] La competencia no se detiene nunca. Una especie que obtiene una ventaja frente a un competidor incentiva de inmediato al competidor para que mejore. Es una carrera armamentística.

La evolución es el estudio de las ventajas. La idea de Van Valen es, sencillamente, que no hay ventajas permanentes. Todo el mundo está abriéndose paso todo el tiempo, pero nadie llega hasta el punto de ser inmune a la extinción.

Algunas cosas evolucionan, pero en realidad nunca llegan a estar mejor adaptadas, porque las amenazas siempre van cambiando. Los rinocerontes negros sobrevivieron durante ocho millones de años, pero al final los exterminaron los cazadores furtivos. Lehman Brothers se adaptó y prosperó durante 150 años y 33 recesiones, pero al final encontró la horma de su zapato en los bonos hipotecarios. Y sanseacabó.

Nadie está nunca a salvo. Nadie puede descansar nunca.

Van Valen lo denominó la hipótesis evolutiva de la Reina Roja. En *Alicia en el país de las maravillas*, Alicia conoce a la Reina Roja en un país donde tienes que correr solamente para quedarte en el mismo sitio:

> Por más rápido que corrieran, nunca parecían adelantar nada.
>
> —Me pregunto si todas las cosas se mueven con nosotros —pensó la pobre Alicia, desconcertada. Y la Reina pareció adivinar sus pensamientos, pues le gritó:
>
> —¡Más deprisa! ¡No intentes hablar! ¡Sigue corriendo!

«Sigue corriendo» solo para quedarte en el mismo lugar: así es como funciona la evolución.

Y ¿no es así como funcionan la mayor parte de las cosas en la vida actual?

¿Los negocios?

¿Los productos?

¿Las carreras profesionales?

¿Los países?

¿Las relaciones?

La respuesta a todo eso es sí.

La evolución es despiadada e implacable: no te hace aprender enseñándote lo que funciona, sino destruyendo lo que no lo hace.

Una lección que podemos sacar es que nunca deberíamos sorprendernos cuando algo que predomina en una época desaparece en la siguiente. Esta es una de las trayectorias más habituales de la historia. Pocas empresas, productos, músicos, ciudades o escritores siguen siendo relevantes durante más de unas pocas décadas, como mucho. Los que lo han conseguido (los Beatles, Levi's, Snickers o la ciudad de Nueva York) son raras excepciones.

Otra lección es que hay que seguir corriendo. Ninguna ventaja competitiva es tan poderosa que uno pueda dormirse en los laureles; y, de hecho, aquellas que parecen permitirlo suelen plantar la semilla de su propia desaparición.

Ahora déjame que comparta contigo por qué es tan difícil evaluar lo bueno que podría llegar a ser nuestro futuro.

17

Las maravillas del futuro

Siempre parece que nos estamos quedando atrás y es fácil minimizar el potencial de las nuevas tecnologías.

Existe una trayectoria típica de cómo las personas responden a lo que termina por convertirse en una nueva tecnología que cambia el mundo:

- Nunca he oído hablar de eso.
- He oído hablar de eso, pero no lo entiendo.
- Lo entiendo, pero no veo por qué es útil.
- Veo que podría ser entretenido para los ricos, pero no para mí.
- Lo utilizo, pero es solo un juguete.
- Cada vez me es más útil.
- Lo utilizo constantemente.
- No me imagino la vida sin esto.
- En serio, ¿antes la gente vivía sin esto?
- Es demasiado potente y tiene que regularse.

Ocurre una y otra vez. Es muy difícil imaginar en qué puede llegar a convertirse un pequeño invento algún día.

A lo largo de la historia, ha sido habitual la idea de que las innovaciones pasadas eran magníficas, mientras que las futuras tenían que limitarse, porque ya habíamos cosechado todas las soluciones fáciles.

El 12 de enero de 1908, el *Washington Post* publicó un reportaje de dos páginas titulado «Las cabezas pensantes de Estados Unidos pronostican las maravillas del futuro».[151]

Entre las «cabezas pensantes» soterradas entre aquella letra pequeñita estaba Thomas Edison.

Edison ya había cambiado el mundo en ese momento; era el Steve Jobs de su época.

El *Washington Post* preguntaba: «¿Se está acabando la era de las invenciones?».

Edison respondía: «¿Acabando?», repetía, en aparente estupefacción por que se le hiciera tal pregunta. «Pero si ni siquiera ha empezado. Eso debería responder a su pregunta. ¿Quiere algo más?»

«¿Cree, entonces, que en los próximos cincuenta años veremos un grado de desarrollo mecánico y científico como el del último medio siglo?», inquiría el periódico.

«Mayor. Mucho mayor», respondía Edison.

«¿En qué dirección espera que vaya ese desarrollo?», le preguntaban.

«En todas direcciones.»

Eso no era una muestra de optimismo ciego. Edison entendía el proceso de los descubrimientos científicos. Las grandes innovaciones no llegan todas a la vez, sino que van desarrollándose poco a poco cuando varias pequeñas innovaciones se combinan a lo largo del tiempo. Edison no era un gran planificador. Era un manitas prolífico, combinaba piezas de maneras que no entendía del todo, confiando en que algunos pequeños descubrimientos que se hicieran durante el proceso se combinarían y se potenciarían para alcanzar inventos más significativos.

Edison, por ejemplo, no inventó la primera bombilla; solo mejoró considerablemente lo que otros ya habían creado. En 1802 —tres cuartos de siglo antes de la bombilla de Edison— el inventor británico Humphry Davy creó una luz eléctrica llamada lámpara de arco, que usaba varitas de carbón como filamento.[152] Funcionaba como la bombilla de Edison, pero la luz que desprendía era impráctica —uno casi quedaba ciego al mirarla— y solo podía estar encendida durante unos segundos antes de consumirse, así que casi nunca se utilizaba. La contribución de Edison fue moderar el brillo y la longevidad de la bombilla. Aquello fue un avance enorme. Pero se consiguió gracias a las decenas de avances previos, ninguno de los cuales parecía tener sentido por su cuenta.

Por eso Edison era tan optimista con respecto a las innovaciones.

El inventor explicó lo siguiente:

> Nunca puedes saber adónde conducirá un descubrimiento que parece pequeño. Alguien descubre algo y enseguida un montón de experimentadores e inventores se ponen a probar todas las variaciones posibles de ese invento.

Y dio algunos ejemplos:

> Pensemos en los experimentos de Faraday con discos de cobre. Aquello parecían juguetes científicos, ¿verdad? Pues bien, al final nos dio el tranvía. O recordemos los tubos de Crookes; parecían un descubrimiento académico, pero de ahí salieron los rayos X. Hoy en día hay un sinfín de experimentadores trabajando; y nadie puede predecir las grandes cosas que saldrán de sus descubrimientos.

«¿Que si ha llegado a su fin la era de las invenciones? —preguntó Edison—. Pero si aún no sabemos nada.»

Esto es, por supuesto, justo lo que sucedió.

Cuando el avión empezó a tener aplicaciones prácticas a comienzos del siglo xx, una de las primeras tareas fue intentar prever qué beneficios tendría. Algunas de las obvias eran la distribución del correo postal y las carreras de aviones.

Nadie predijo las centrales nucleares. Pero no habrían sido posibles sin el avión.

Sin el avión no habríamos tenido bombas arrojadas desde el aire. Sin esas bombas no habríamos tenido la bomba nuclear. Y sin la bomba nuclear no habríamos descubierto el uso pacífico de la energía nuclear.

Y lo mismo ocurre hoy en día. Google Maps, TurboTax e Instagram no serían posibles sin ARPANET, un proyecto de los años sesenta del Departamento de Defensa que conectaba ordenadores para gestionar secretos de la Guerra Fría, y que supondría los cimientos de internet. Así es como se pasa de la amenaza de la guerra nuclear a pagar tus impuestos desde el sofá: una conexión que era impensable hace cincuenta años, pero que ahí está.

El autor Safi Bahcall cuenta que las películas de Polaroid se descubrieron cuando a unos perros enfermos a los que se alimentó con quinina para tratar unos parásitos presentaron un tipo inusual de cristales en la orina. Esos cristales resultaron ser los mejores polarizadores que se hayan descubierto nunca.

¿Quién puede predecir eso? ¿Quién puede verlo venir? Nadie. Absolutamente nadie.

De un modo parecido, Facebook empezó siendo una forma que tenían los estudiantes universitarios para compartir fotos de sus borracheras del fin de semana, y una década después era la influencia más poderosa de la política internacional. Una vez más, es imposible pronosticar algo así de antemano.

Y este es el motivo por el que todas las innovaciones son difíciles de predecir y fáciles de subestimar. El camino de la A a la Z puede ser tan complejo y terminar en un punto tan extraño que es casi imposible observar las herramientas que tenemos hoy en día y a partir de ahí extrapolar en qué podrían convertirse. Alguien, en alguna parte, ahora mismo está inventando o descubriendo algo que cambiará el futuro por completo. Pero es probable que no oigamos hablar de eso durante años. Así es como funciona siempre.

Hay una teoría en biología evolutiva llamada teorema fundamental de Fisher sobre la selección natural.[153] Es la idea de que variación equivale a fuerza, porque, cuanto más diversa es una población, más opciones tiene de generar nuevos rasgos que puedan seleccionarse. Nadie puede saber qué rasgos serán útiles; la evolución no funciona así. Pero, si puedes crear muchos rasgos, el que será útil —sea lo que sea— va a estar por ahí, en alguna parte.

Con la innovación sucede lo mismo. En cualquier momento dado, es fácil observar lo que están creando las *start-ups* o lo que están descubriendo los científicos y pensar que aquello en lo que estamos trabajando sea *tal vez genial* —en el mejor de los casos—, pero que no tiene punto de comparación con lo que hicimos ayer. Puesto que nunca sabemos cómo convergirán múltiples innovaciones, el camino más fácil es concluir que ya vivimos nuestros mejores días e ignorar el potencial de aquello en lo que estamos trabajando.

Una lección que podemos sacar de esto es que es fácil tener siempre la sensación de que no estamos a la altura del pasado. En la mayoría de las épocas, puede parecer que no hemos inventado nada útil en diez o veinte años. Pero esto se debe solo a que pueden pasar diez o veinte años hasta que una innovación termina siendo útil. Cuando te das cuenta de que el progreso se hace paso a paso, despacio a lo largo del tiempo, entiendes que innovaciones minúsculas por las que nadie daba un duro son las semillas de algo que tiene el potencial de acumularse hasta convertirse en algo magnífico.

Dee Hock dice: «Un libro es mucho más que lo que el autor escribió; es también todo lo que puedes imaginar e interpretar a partir de él». Pues algo similar ocurre con las tecnologías nuevas. El valor de cada nueva tecnología no es solo lo que esta pueda hacer; es lo que otra persona, con unas habilidades y un punto de vista totalmente distintos, puede terminar consiguiendo al manipularlo.

Otra lección muy fácil de subestimar es cómo dos cosas pequeñas pueden sumarse para convertirse en algo enorme. Pensemos en cómo funciona la Madre Naturaleza: un poquito de aire frío que viene del norte no es gran cosa. Una suave brisa cálida que viene del sur es algo agradable. Sin embargo, cuando se mezclan encima de Misuri, tienes un tornado. Eso se llama efectos emergentes y puede tener una potencia descomunal. Pues lo mismo con la tecnología. Una cosa aburrida sumada a otra cosa aburrida puede dar como resultado una cosa que cambia el mundo de una forma difícil de imaginar si no tienes en cuenta el crecimiento exponencial. Lo mismo sucede en las carreras profesionales, cuando alguien con unas cuantas habilidades mediocres mezcladas en el momento justo alcanza un éxito muy superior al de alguien que es un experto en una sola cosa.

El 12 de enero de 1908 —el mismo día en que el *Washington Post* publicó su reportaje con Edison—, en Francia se envió el primer mensaje a larga distancia sin cables.[154]

Nadie podía prever las invenciones a las que terminó dando lugar: por ejemplo, ayudarme a mí a escribir este libro y mandarlo al editor 114 años después.

Esto nunca cambia.

Y ahora déjame que te cuente una historia sobre lo bien que se les da a las personas disfrazar lo dura que es su vida.

18

Más duro de lo que parece y menos divertido de lo que te imaginas

---

«Las manzanas siempre parecen mejores en el huerto fertilizado con mentiras.»

En 1963, la revista *Life* preguntó a James Baldwin de dónde sacaba su inspiración. Baldwin respondió:

> Crees que tu dolor y tu desamor no tienen precedentes en la historia del mundo, pero luego lees. Los libros me enseñaron que las cosas que más me atormentaban eran las mismas que me conectaban con todas las personas que estaban vivas o que habían vivido en algún momento. Un artista es una especie de historiador de las emociones.[155]

Esta es una observación maravillosa. Pero creo que lo que está describiendo aquí Baldwin es infrecuente.

La mayor parte de las personas no desvelan lo que las atormenta, lo que les da miedo, lo que las hace sentir inseguras o si son o no son felices. En muy pocas ocasiones te contarán con sinceridad sus defectos y fracasos.

La versión de escaparate de nosotros mismos es de lejos la más común.

Hay un dicho —no sé de quién— según el cual un experto siempre es un forastero. Esto se parece al versículo de la Biblia que dice que nadie es profeta en su tierra. Este último tiene un significado más profundo, pero los dos transmiten una idea importante: es más fácil convencer a alguien de que eres especial si esa persona no te conoce lo suficiente para ver todos los aspectos en los que no lo eres.

Recuerda esto cuando compares tu trayectoria profesional, tus negocios y tu vida con los de los demás.

Un buen consejo que tardé un tiempo en aprender es que todo es *marketing*. *Todo es marketing*. Esto suele presentarse como un consejo para la carrera profesional: da igual cuál sea tu rol en una empresa. Tu trabajo consiste, en última instancia, en ayudar a vender.

No obstante, esto se aplica a muchísimas cosas.

Todo es marketing significa también que todo el mundo está intentando construir una imagen de quién es. Esa imagen ayuda a las personas a venderse ante los demás. Algunas son más agresivas que otras, pero todo el mundo juega al mismo juego de la imagen, aunque sea solo de forma subconsciente. Como están construyendo su imagen, la visión que tienes de los demás no es completa. Hay un filtro. Se publicitan las habilidades y se esconden los defectos.

Una vez, un amigo se me quejó de lo ineficiente que era la empresa donde trabajaba. Los procesos eran mediocres y la comunicación, mala. Luego dijo que una empresa competidora era mucho mejor y que sí funcionaba como era debido. Yo le pregunté cómo lo sabía: él nunca había trabajado allí y nunca había estado dentro de la empresa. Es verdad, dijo. Solo parece así desde fuera.

Pero casi todo parece mejor desde fuera.

Te garantizo que los trabajadores de la empresa competidora también encuentran defectos en la forma en que opera su empresa, porque saben las cosas de la compañía que mi amigo sabe de la suya: la realidad que hay detrás. Todas las personalidades complicadas y las decisiones difíciles que ves solo cuando estás dentro, en las trincheras. «Todos los negocios son desastres que en líneas generales funcionan», dice Brent Beshore. Pero un negocio es como un iceberg; solo es visible una pequeña parte.

Pues lo mismo con las personas.

Instagram está lleno de fotos de vacaciones en la playa, no de fotos de retrasos en los aeropuertos. Los *curriculum vitae* destacan los logros de una carrera profesional, pero no dicen nada de las dudas y las preocupaciones. Es fácil elevar a los gurús de las inversiones y los titanes de los negocios a un estatus mítico porque no los conocemos lo bastante bien para ser testigos de los momentos en los que su proceso para tomar decisiones ha sido ordinario, cuando no desastroso.

Hay un espectro, desde luego. Algunas empresas operan mejor que otras y algunas personas son más perspicaces que otras. Unas pocas son extraordinarias.

No obstante, siempre es difícil saber en qué punto de ese espectro está una persona cuando ha construido minuciosamente una imagen de quién es. «Las manzanas siempre parecen mejores en el huerto fertilizado con mentiras», parafraseando el refrán.

De vez en cuando, se abre una ventana a la realidad. La biografía de Warren Buffett, *La bola de nieve,* desveló que la persona más admirada del sector de las inversiones a veces había tenido una vida familiar desastrosa; en parte por su culpa, como daño colateral de una vida en la que la máxima prioridad era seleccionar acciones.

Y lo mismo puede decirse de Bill y Melinda Gates, cuya vida parecía de cuento de hadas hasta que salieron a la luz las noticias de su desagradable divorcio. Una vez, Elon Musk no pudo contener las lágrimas cuando le preguntaron por el lastre mental que le habían supuesto los esfuerzos de Tesla. «Esto ha ido en detrimento de ver a mis hijos. Y de ver a mis amigos.»[156]

Yo de pequeño tartamudeaba. Al contarlo, la gente que hace años que me conoce suele decirme: «No sabía que tenías un problema». Es un comentario bienintencionado, pero en realidad subraya el problema. No sabías que tartamudeaba porque yo no hablaba si sabía que me iba a costar. Nunca sabes qué dificultades ocultan los demás. Siempre me he preguntado cuántas de las personas que conozco tartamudean, pero, al igual que yo, lo han ocultado casi siempre. Y ¿cuántos problemas más habrá como este? Depresión, ansiedad, fobias, etc.: muchas cosas pueden disfrazarse de tal forma que se corre un velo de normalidad delante de las luchas internas de una persona.

Y, volviendo al iceberg: lo que la mayoría de nosotros vemos la mayor parte del tiempo es una pequeña parte de lo que ha sucedido en realidad o de lo que está sucediendo dentro de la cabeza de una persona. Y eso que vemos no contiene todas las partes complicadas.

La mayoría de las cosas son más duras de lo que parecen y menos divertidas de lo que te imaginas.

Lo cual conduce a varias cosas:

Cuando eres plenamente consciente de tus propias luchas, pero desconoces las de los demás, es fácil suponer que te falta alguna habilidad o un secreto que los otros tienen. Cuanto más describimos a las personas de éxito como si tuvieran poderes sobrehumanos, más los miramos las otras personas y decimos: «Yo nunca podría hacer eso». Lo cual es desafortunado, porque habría más personas dispuestas a intentarlo si supieran que es probable que aquellos a quienes admiran sean personas normales que se arriesgaron y les salieron bien las cosas.

Cuando vemos a alguien como una persona más extraordinaria de lo que es, es más probable que sobrevaloremos su opinión en cuestiones en las que esa persona no tiene ningún talento especial. Como las opiniones políticas de un exitoso gestor de fondos de inversión libre o los consejos sobre inversión de un político. Hasta que no conoces bien a una persona no te das cuenta de que lo mejor que puedes hacer en la vida es volverte experto en algunas cosas a la vez que sigues siendo inepto en otras; y eso si eres bueno. Hay una importante diferencia entre alguien cuyo talento específico es digno de elogio frente a alguien cuyas ideas no deberían cuestionarse nunca. Cómete la naranja, pero tira la piel.

Todo el mundo está lidiando con problemas que no anuncia que tiene, por lo menos hasta que no conoces bien a la persona. Si recuerdas esto, serás más compasivo, tanto contigo como con los demás.

Y ahora, una explicación de por qué las buenas personas hacen cosas terribles.

19

Incentivos: la fuerza más poderosa del mundo

Cuando los incentivos son disparatados, el comportamiento también lo es. Se puede lograr que la gente justifique y defienda casi cualquier cosa.

Jason Zweig, periodista del *Wall Street Journal*, dice que hay tres formas de ser redactor profesional:

1. Si mientes a personas que quieren que les mientan, vas a hacerte rico.
2. Si cuentas la verdad a aquellos que quieren oír la verdad, vas a poder ganarte la vida.
3. Si cuentas la verdad a los que quieren que les mientan, te vas a arruinar.

Qué resumen tan maravilloso del poder de los incentivos y qué explicación tan fantástica de por qué las personas hacen algunas de las cosas disparatadas que hacen.

A los treinta y cinco años, Akinola Bolaji ya llevaba dos décadas estafando gente por internet, haciéndose pasar por un pescador estadounidense que engañaba a viudas vulnerables y las convencía de que le enviasen dinero.

El *New York Times* preguntó a este nigeriano cómo se sentía por haber causado tanto daño a personas inocentes. Él respondió: «Sin lugar a dudas, la conciencia siempre está ahí. Pero la pobreza no te deja sentir el dolor».

Estafar es más fácil de justificar en tu cabeza cuando pasas hambre.

En una ocasión, el rapero Notorious B.I.G. mencionó como si tal cosa que empezó a vender *crack* cuando tenía unos diez años.[157]

Explicó así cómo había ocurrido: desde pequeño siempre le había interesado el arte. Sus maestros lo animaron a ser artista y le contaron que podría ganarse la vida dibujando. Comenzó a soñar con que algún día sería diseñador publicitario y que haría grandes carteles.

Luego, un día, le ofrecieron la posibilidad de vender *crack*. Recordaba esta situación: «Ja, ja, pienso ahora, ¡¿arte publicitario?! Ja, ja. Pero si salgo veinte minutos y puedo sacarme un dinerito de verdad, tío».

El poeta soviético Yevgueni Yevtushenko conjeturó una vez que durante la época de Galileo hubo varios científicos que creían que la Tierra giraba alrededor del Sol. «Pero tenían que dar de comer a su familia», por eso nunca levantaron la voz.[158]

Estos son ejemplos extremos de algo a lo que todo el mundo —tú, yo, todos— es susceptible y que nos influye más de lo que queremos admitir: los incentivos son la fuerza más poderosa del mundo y pueden llevarnos a justificar o defender casi cualquier cosa.

Cuando entiendes lo poderosos que pueden ser los incentivos, dejas de sorprenderte cuando el mundo va tambaleándose de una absurdidad a otra. Si me preguntasen: «¿Cuántas personas hay en el mundo que estén verdaderamente locas?», es posible que yo dijese: no lo sé, entre un 3 y un 5 por ciento. Pero si me preguntasen: «¿Cuántas personas hay en el mundo que estarían dispuestas a hacer una locura si se dieran los incentivos adecuados?», yo diría: pues fácilmente un 50 por ciento o más.

Da igual cuánta información o contexto tengas, nada es más convincente que lo que quieres o necesitas desesperadamente que sea cierto. Y, como escribió una vez Daniel Kahneman: «Es más fácil reconocer los errores de los demás que los de uno mismo». Lo que hace que los incentivos sean poderosos no es solo hasta qué punto influyen en las decisiones de las otras personas, sino hasta qué punto podemos olvidarnos del gran efecto que ejercen sobre las nuestras.

Benjamin Franklin escribió en una ocasión: «Si quieres convencer, apela al interés y no a la razón». Los incentivos alimentan relatos que justifican las acciones y las creencias de las personas, pues les brindan consuelo incluso cuando están haciendo cosas que saben que están mal y creen cosas que saben que no son ciertas.

James Clear lo expresó de esta forma: «La gente hace caso de los incentivos, no de los consejos».

He aquí una historia cierta sobre un chico que yo conocía bien: un repartidor de pizzas que en 2005 empezó a trabajar en un banco vendiendo hipotecas de alto riesgo.

Casi de la noche a la mañana podía ganar más dinero en un día de lo que ganaba en un mes repartiendo pizzas. Aquello le cambió la vida por completo.

Ponte en su lugar. Su trabajo era dar préstamos. Mantener a su familia dependía de dar préstamos. Y si esos préstamos no los daba él, lo haría otra persona, así que no parecía que tuviera ningún sentido protestar o dejar el trabajo.

Todo el mundo sabía que el juego de las hipotecas de alto riesgo era una broma a mediados de los 2000. Todo el mundo sabía que algún día terminaría. Pero la posibilidad de que alguien como mi amigo dijera: «Esto es insostenible, así que voy a dejarlo y volveré a repartir pizzas» era ridícula. Lo habría sido para la mayoría de nosotros. No lo culpé entonces y no lo hago ahora.

Muchos banqueros metieron la pata hasta el fondo durante la crisis financiera de 2008. Pero muchos de nosotros —demasiados— infravaloramos cómo habríamos actuado si alguien nos hubiese puesto unas recompensas enormes delante de las narices. La mayor parte de la gente no es consciente de sus propios defectos. Parafraseando a Benjamin Franklin: el vicio sabe que es feo, por eso se esconde detrás de una máscara.

Esto es aplicable a toda la cadena trófica, del corredor de bolsa al director ejecutivo, pasando por los inversores, el tasador de inmuebles, el agente inmobiliario, el especulador inmobiliario, el político o el banquero central: los incentivos llevan a que los actores no quieran dejar que se hunda el barco. Así que todo el mundo sigue remando mucho después de que el mercado se haya vuelto insostenible.

A veces los comportamientos y los resultados son más extremos.

En un documental sobre el Chapo, un ex señor de la droga mexicano, se ve la pobre aldea de México donde este violento líder del cártel, que además era un asesino, gozaba de una extrema popularidad y tenía el apoyo de los aldeanos. Hacían cualquier cosa para protegerlo. Uno de ellos contó:

> Estás hablando de personas que casi no tienen ingresos. No era inusual que el Chapo se detuviera a hablar con alguien y le dijera: «¿Cómo te va la vida?», y la persona respondiera: «Pues mi hija está a punto de casarse». El Chapo decía: «Yo me ocuparé». Conseguía un lugar grande, se encargaba del conjunto musical, de las bebidas y la comida, y todo el pueblo estaba invitado. El padre de la novia decía: «El Chapo lo hizo posible».[159]

En todas estas situaciones, vemos a personas buenas, honestas y bienintencionadas que terminan apoyando malos comportamientos o participando en ellos porque los incentivos de seguir la corriente son muy potentes. Y en cada situación no solo hay incentivos económicos. Los incentivos pueden ser culturales y tribales, es decir, que las personas apoyen cosas porque no quieren disgustar a su comunidad o ser expulsadas de su grupo social. Muchas personas pueden resistirse a los incentivos económicos; pero los incentivos culturales y tribales son más seductores.

Una de las fuerzas de atracción más poderosas de los incentivos es el deseo de las personas de oír solo lo que quieren oír y de ver solo lo que quieren ver.

En 1997 la secta religiosa Heaven's Gate creía que una nave espacial que viajaba detrás de un cometa se estaba dirigiendo a la Tierra para recoger a los creyentes auténticos y llevarlos al paraíso.

Varios miembros de la secta aportaron dinero para comprar un telescopio de alta potencia. Querían ver la nave con sus propios ojos.

Localizaron el cometa en el cielo. Pero no había ninguna nave que lo siguiera.

Así que llevaron el telescopio a la tienda para que les devolvieran el dinero. El responsable del establecimiento les preguntó si algo no funcionaba. Dijeron que sí, que sin duda el telescopio estaba estropeado: porque con él no se podía ver la nave.[160]

Hay una larga historia de personas que creen lo que quieren creer.

Y no solo miembros de sectas.

Es dificilísimo ser puramente objetivo cuando los incentivos te empujan en una dirección.

En 1923, Henry Luce quería fundar una revista llamada *Facts* [Hechos]. Iba a informar solo sobre cosas que fueran objetivamente ciertas. Pero pronto Luce se dio cuenta de que era más complicado de lo que pensaba. En lugar de eso la llamó *Time* [Tiempo], con la idea de que ahorrar tiempo a los lectores con noticias breves era el mayor valor que podía añadir un editor. «Muéstrame a un hombre que piensa que es objetivo y te enseñaré a un hombre que se está autoengañando», dijo Luce.[161]

Hay una versión de esto que se aplica a muchos ámbitos, sobre todo a empresas de servicios en las que alguien paga para obtener la opinión de un experto. Es posible que haya una diferencia entre saber lo que es correcto y ganarse la vida proporcionando lo que sabes que es correcto.

Puede que esto sea lo más común en las inversiones, el derecho y la medicina, cuando «no hagas nada» es la mejor respuesta, pero «haz algo» es el incentivo laboral.[162]

A veces es amoral, pero puede ser una forma inocente de «cubrirse las espaldas». Sin embargo, en general pienso que un asesor parece inútil si le dice a un cliente: «No tenemos que hacer nada al respecto». En su misión de ser útiles, añaden complejidad incluso cuando no hace falta o cuando actuar podría ser contraproducente.

Hace años, Jon Stewart entrevistó al inversor y presentador de la CNBC Jim Cramer. Al preguntarle con insistencia por contenido de la CNBC que oscilaba entre contradictorio e inútil, Cramer dijo: «Mire usted, tenemos que llenar 17 horas de televisión en directo al día». Stewart respondió: «Quizás pueden reducir las horas de antena».[163] Tenía razón. Pero, si estás en el negocio de la televisión, no puedes hacerlo.

Una vez, un médico me contó que lo más importante que no te enseñan en la facultad de medicina es la diferencia entre la medicina y ser médico: la medicina es una ciencia biológica, mientras que ser médico es a menudo una habilidad social que consiste en gestionar expectativas, entender el sistema de seguros, comunicar con eficacia, etc.

Respecto a esto, destacan tres cosas.

Cuando se puede incentivar a personas buenas y honestas a adoptar un comportamiento disparatado, es fácil infravalorar la probabilidad de que el mundo se desmadre.

Todo —de las guerras a las recesiones, pasando por los fraudes, las quiebras empresariales o las burbujas bursátiles— tiene lugar con mayor frecuencia de lo que la gente piensa, porque las fronteras morales de lo que las personas están dispuestas a hacer pueden extenderse con ciertos incentivos.

Eso es válido en las dos direcciones. Es fácil subestimar el bien que pueden hacer las personas, el talento que pueden llegar a adquirir y lo que pueden alcanzar en la vida cuando operan en un mundo en el que los incentivos están alineados con el progreso.

Los extremos son la norma.

Las cosas insostenibles pueden durar más de lo que anticipamos.

Los incentivos pueden hacer que tendencias disparatadas e insostenibles duren más tiempo de lo que parece razonable porque hay motivos sociales y económicos que impiden que las personas acepten la realidad el mayor tiempo posible.

Una buena pregunta que podemos hacernos es la siguiente: «¿Cuál de mis opiniones actuales cambiaría si mis incentivos fueran distintos?».

Si tu respuesta es «ninguna», es probable que no solo te hayan persuadido tus incentivos, sino que te hayan cegado.

Y, hablando de persuasión, hablemos ahora de una cuestión que está relacionada con esto: nada es más persuasivo que lo que has experimentado de primera mano.

20

Ahora lo entiendes

Nada es más persuasivo que lo que has experimentado en primera persona.

Nada es más persuasivo que lo que has experimentado en primera persona. Puedes leer y estudiar y tener empatía. Pero a menudo no tienes ni idea de lo que tienes intención de hacer, de lo que quieres y de lo lejos que estás dispuesto a llegar hasta que no has visto algo con tus propios ojos.

Harry Truman dijo una vez:

> La siguiente generación nunca aprende nada de la anterior hasta que no se les hace volver a casa a golpe de martillo [...]. Me he preguntado por qué la siguiente generación no puede aprovechar las lecciones de la anterior, pero nunca lo hace hasta que la experiencia le da un coscorrón.

Un tema de gran importancia a lo largo de la historia es que las preferencias son volubles y la gente no tiene ni idea de cómo va a responder a un cambio extremo de circunstancias hasta que no lo experimenta en primera persona.

Uno de los aspectos más fascinantes de la Gran Depresión no es solo que la economía se desplomó, sino lo rápido y drásticamente que cambió la opinión de los ciudadanos en consecuencia.

Los estadounidenses eligieron a Herbert Hoover como presidente en 1928 con una de las victorias más aplastantes de la historia (444 votos del colegio electoral). Y en los siguientes comicios dieron al otro candidato una victoria aplastante (Hoover obtuvo solo 59 votos del colegio electoral).

Luego empezaron los grandes cambios.

Adiós al patrón oro. De hecho, tener oro en propiedad pasó a ser ilegal.

Aumentaron las obras públicas.

Los intentos de proporcionar un seguro de jubilación para la vejez financiado por los contribuyentes no habían hecho progresos durante décadas y a algunos defensores del proyecto se los detuvo en los jardines del Capitolio durante el acto reivindicativo de mayor envergadura tras la Primera Guerra Mundial. La Depresión prácticamente dio un vuelco a la opinión pública: se adoptó de repente una idea radical. En 1935 se aprobó la ley de la seguridad social, por 372 votos a 33 en la Cámara de Representantes y 77 a 6 en el Senado.

En el otro extremo, hubo un presunto golpe de Estado impulsado por unos ricos empresarios para derrocar a Franklin Roosevelt, en el que se habría puesto a un general de la Marina llamado Smedley Butler en el cargo de presidente en calidad de dictador, un movimiento similar a las acciones fascistas que se estaban extendiendo por Europa en esa época.[164],[165]

Esas no son las cosas que ocurren cuando la gente tiene el estómago lleno y un trabajo estable. Cuando la vida de las personas está patas arriba, la gente ha perdido la esperanza y sus sueños son inciertos, entonces dice: «¿Cuál era esa idea disparatada que habíamos oído por ahí? Quizás deberíamos darle una oportunidad. Nada está funcionando, podríamos probar con eso».

El humorista Trevor Noah habló una vez del *apartheid* en su país, Sudáfrica, y señaló: «Si encuentras el equilibrio perfecto entre la desesperación y el miedo, puedes lograr que la gente haga lo que sea».[166]

Es muy difícil entender eso y también entender cómo responderás al riesgo, el miedo y la desesperación, hasta que te encuentras en el fragor de la batalla.

En ninguna otra parte del mundo esto ha sido tan potente como en la Alemania de los años treinta, donde la Gran Depresión fue precedida por una hiperinflación devastadora que destruyó todo el valor del dinero.

El libro *What We Knew* [Lo que sabíamos] incluye entrevistas con civiles alemanes después de la Segunda Guerra Mundial para tratar de entender cómo una de las culturas más avanzadas y civilizadas se volvió tan cruel tan deprisa y cometió las peores atrocidades de la historia humana:

> **[Entrevistador]:** Al principio de esta entrevista, ha dicho que la mayoría de los adultos vieron con buenos ojos las medidas de Hitler.
>
> **[Civil alemán]**: Sí, desde luego. Hay que recordar que en 1923 teníamos la inflación [...]. [El valor nominal de la moneda] se había multiplicado por un billón [...]. Luego llegó Adolf al poder con sus nuevas ideas. Para la mayoría, aquello era mejor, sin duda. Personas que llevaban años sin un trabajo ahora tenían uno. Y luego todo el mundo estuvo a favor del sistema.
>
> Si alguien te ayuda a superar una situación de emergencia o a conseguir una vida mejor, después tú vas a apoyarlo. ¿Cree usted que la gente iba a decir: «Todo esto no son más que tonterías. Estoy en contra»? No. Eso no ocurre.[167]

O pensemos en Varlam Shalámov, un poeta que estuvo encarcelado en un gulag durante quince años. Una vez escribió lo rápido que una persona normal puede desmoronarse bajo el estrés y la incertidumbre. Si a una persona buena, honesta y afectuosa la privas de sus necesidades básicas, pronto tendrás a un monstruo irreconocible que hará lo que sea para sobrevivir. Bajo un gran estrés, «un hombre se convierte en una bestia en tres semanas», escribió Shalámov.[168]

El historiador Stephen Ambrose contó que había soldados de la Segunda Guerra Mundial que terminaban la instrucción básica llenos de bravuconería y confianza, deseosos de combatir cuando se unían a las líneas del frente. Luego recibían un disparo y todo cambiaba.

«Era imposible que la instrucción pudiera preparar a un hombre para el combate», escribió Ambrose. Podía enseñarles cómo disparar un arma y a cumplir órdenes. Pero «no podía enseñar a esos hombres a quedarse tumbados, indefensos bajo una lluvia de metralla en un campo cruzado por fuego de ametralladoras».[169] Ninguno podía entenderlo hasta que lo experimentaba.

Estos son algunos de los ejemplos más extremos que existen. Pero la idea de que las personas que están en una situación de estrés adoptan enseguida ideas y objetivos que de otro modo nunca adoptarían ha dejado sus huellas a lo largo de toda la historia.

Recordemos la tasa impositiva del 94 por ciento que se introdujo después de la Segunda Guerra Mundial. Los impuestos bajos eran el programa económico más popular de los años veinte y cualquiera que sugiriese una subida era descartado. Luego todo se desmoronó con el binomio Depresión y guerra. En 1943 Franklin Roosevelt limitó los ingresos al equivalente de 400 000 dólares anuales, con lo cual a todo lo que estuviera por encima de esta cantidad se le aplicaba una tasa fiscal de un 94 por ciento. Al año siguiente, Roosevelt fue reelegido con una victoria abrumadora.

Y lo mismo con la revolución de Reagan. Casi un 80 por ciento de los estadounidenses tenían un alto grado de confianza en el gobierno en 1964.[170] Luego llegaron los setenta. Unos años de alta inflación y mucho desempleo hicieron que los estadounidenses estuvieran dispuestos a escuchar a un político que decía que el Gobierno era la causa de sus problemas, no la solución.

La gran lección de esto es que de hecho no tenemos ni idea de qué políticas vamos a defender dentro de, por decir algo, cinco o diez años. Las adversidades inesperadas hacen que la gente haga y piense cosas que nunca imaginarían cuando la situación está calmada.

Tus opiniones personales caen en la misma trampa. En el mundo de las inversiones, es más fácil decir «voy a ser avaro cuando los demás tengan miedo» que hacerlo, porque las personas subestiman hasta qué punto cambian sus opiniones y objetivos cuando los mercados se desploman.

El motivo por el que puede que durante una recesión adoptes ideas y objetivos que antes te parecían impensables es que, durante una recesión, cambian otras cosas además del precio de los activos.

Si yo, hoy, imagino cómo respondería ante una caída de un 30 por ciento de las acciones, me imagino un mundo en el que todo está como en la actualidad salvo el valor de las acciones, que son un 30 por ciento más baratas.

Pero así no es como funciona el mundo.

Las recesiones no son un fenómeno aislado. El motivo por el que las acciones pueden caer un 30 por ciento es que grandes grupos de personas, empresas y políticos hayan metido la pata en algún sentido y sus meteduras de pata hayan minado mi confianza en nuestra capacidad de recuperación. Así que mis prioridades de inversión podrían bascular del crecimiento a la preservación. Es difícil contextualizar este cambio mental cuando la economía está en un período de bonanza. Y, aunque Warren Buffett dice que hay que ser avaro cuando los demás tienen miedo, muchas más personas están de acuerdo con esta cita de las que en la práctica actúan en consecuencia.

La misma idea es válida para las empresas, las carreras profesionales y las relaciones. Los tiempos difíciles hacen que la gente haga y piense cosas que nunca imaginaría cuando la situación está calmada.

Una vez, Chris Rock bromeó sobre quién enseña, a fin de cuentas, a los niños en el colegio: «Los maestros hacen una mitad; los matones, la otra —dijo—. Y lo que has aprendido lidiando con matones es la mitad del aprendizaje que vas a utilizar cuando seas mayor».[171] Se trata de una experiencia real con el riesgo y la incertidumbre, algo que no puedes imaginar hasta que no lo has experimentado en primera persona.

Recuerda que esto funciona en ambas direcciones. Las personas a menudo no tienen ni idea de cómo responderán a una gran cantidad de dinero caído del cielo o a un increíble golpe de buena suerte hasta que no lo han experimentado ellos mismos.

Viajar a la Luna es lo más genial que han hecho los humanos en toda la historia.

Uno pensaría que se trata de una experiencia sobrecogedora. No obstante, mientras la nave espacial sobrevolaba la superficie lunar, Michael Collins se dirigió a Neil Armstrong y Buzz Aldrin y les dijo:

> Es impresionante lo rápido que uno se adapta. No me parece nada extraño mirar hacia fuera y ver pasar la Luna, ¿sabéis?[172]

Tres meses después, cuando Al Bean ya se hubo paseado por la Luna durante la misión del Apolo 12, se dirigió al astronauta Pete Conrad y le dijo: «Es un poco como aquella canción: ¿Esto es todo?». Conrad se sintió aliviado, porque en sus adentros tenía la misma sensación: que su paseo lunar había sido algo espectacular, pero no trascendental.

Las expectativas también cambian y los objetivos se mueven más deprisa de lo que puedes imaginar. Collins dijo una vez de Aldrin: «Creo que está más resentido por no haber sido el primer hombre que pisó la Luna de lo que valora haber sido el segundo».

No creo que haya conocido a nadie ni haya oído hablar de ninguna persona con un éxito descomunal que haya obtenido tanta felicidad como la que esperaría alguien que lo ve desde fuera. Eso no significa que el éxito no pueda despertar orgullo, satisfacción o un sentimiento de independencia. Pero pocas veces es lo que pensabas que sería antes de alcanzarlo.

Jim Carrey dijo en una ocasión: «Creo que todo el mundo debería hacerse rico y famoso y hacer todo lo que siempre soñó con hacer para ver que esa no es la respuesta».

Esta es, en cierto modo, la misma razón por la que es difícil predecir cómo vas a responder al riesgo: es complicado imaginar el contexto completo hasta que no lo experimentas de primera mano.

Si imaginas a tu futuro yo viviendo en una nueva mansión, te ves rodeado de esplendor y piensas que todo va a ser genial. Sin embargo, uno suele olvidar que las personas que viven en mansiones también pueden tener la gripe, les puede salir psoriasis, pueden verse envueltas en procesos judiciales, pueden discutir con su pareja, pueden sentirse abrumadas por la inseguridad y pueden enfadarse con los políticos, lo cual en cualquier momento dado puede superar el júbilo derivado del éxito material. Las fortunas futuras se imaginan en un vacío, pero la realidad siempre se vive con lo bueno y lo malo al mismo tiempo y ambos compiten por tu atención.

Podrías pensar que sabes cómo te sentirás. Pero luego lo experimentas de primera mano y te das cuenta de que ah, bueno. Es más complicado de lo que pensabas.

Ahora lo entiendes.

Y, a continuación, hablemos del largo plazo.

21

Horizontes temporales

Decir «hago esto pensando en el largo plazo» es un poco como estar a los pies del Everest, señalar la cima y decir: «Allí es adonde me dirijo». Pues muy bien. Ahora empieza el desafío.

> Nunca nada va a separarnos. Probablemente vamos a estar casados diez años más.
>
> ELIZABETH TAYLOR,
> cinco días antes de solicitar el divorcio

Es más fácil creer en el pensamiento a largo plazo que llevarlo a cabo. La mayor parte de las personas saben que es la estrategia correcta en las inversiones, en las carreras profesionales, en las relaciones, etc.: en cualquier cosa basada en la acumulación. Pero decir «hago esto pensando en el largo plazo» es un poco como estar a los pies del Everest, señalar la cima y decir: «Allí es adonde me dirijo». Pues muy bien. Ahora empieza el desafío.

El largo plazo es más difícil de lo que la mayor parte de la gente imagina. Por eso es más lucrativo de lo que muchos suponen.

Todo lo que merece la pena tiene un precio y los precios no siempre son obvios. El precio real del largo plazo —las habilidades requeridas, la mentalidad necesaria— es fácil de minimizar y a menudo se resume con expresiones simples como «ten paciencia», como si eso explicase por qué tantas personas no pueden pagarlo.

Para actuar a largo plazo con eficacia debes entender varios puntos.

El largo plazo no es más que un conjunto de cortos plazos que tienes que sobrellevar.

Decir que tienes un horizonte temporal a diez años vista no te exime de todas las sandeces que vayan a ocurrir en los próximos diez años. Todo el mundo tiene que vivir las recesiones, los mercados bajistas, las crisis, las sorpresas y los memes.

Así que, en lugar de suponer que los que piensan a largo plazo no tienen que lidiar con las sandeces del corto plazo, hazte esta pregunta: «¿Cómo puedo soportar una retahíla permanente de sandeces?».

El pensamiento a largo plazo puede ser una red de seguridad engañosa que suponemos que nos permitirá eludir el corto plazo doloroso e impredecible. Pero eso nunca ocurre. Podría ocurrir lo contrario: cuanto más extenso es tu horizonte temporal, más calamidades y desastres vas a experimentar. El jugador de béisbol Dan Quisenberry dijo una vez: «El futuro es bastante parecido al presente, solo que dura más».

Lidiar con esa realidad requiere cierta actitud que es fácil pasar por alto.

Tu convicción en el largo plazo no es suficiente. Tus socios, compañeros del trabajo, parejas y amigos tienen que sumarse también al proyecto.

Un gestor de inversiones que pierde un 40 por ciento puede decir a sus inversores: «No pasa nada, hay que pensar en el largo plazo» y creérselo. Pero los inversores pueden no creerle. Pueden bajarse del barco. Puede que la empresa no sobreviva. Luego, aunque el gestor resulte estar en lo cierto, ya no importa: no queda nadie para beneficiarse.

Lo mismo ocurre cuando tú tienes el coraje de aguantar, pero tu pareja no.

O cuando tienes una gran idea que tardará en probar su idoneidad, pero tu jefe y tus compañeros de trabajo no tienen tanta paciencia.

Estos casos no son rarezas. Son algunos de los resultados más frecuentes en la vida.

Esto se debe, en buena medida, a la brecha que existe entre lo que tú crees y aquello de lo que puedes convencer a los demás.

La gente se burla de lo mucho que se recurre al pensamiento cortoplacista en el sector financiero, y hacen bien. Pero yo también lo entiendo: el motivo por el que muchos profesionales de las finanzas recurren al cortoplacismo es porque es la única forma de dirigir un negocio viable cuando los clientes huyen a la primera señal de problemas. Pero con frecuencia la razón por la que los clientes huyen es que los inversores no se han esforzado mucho para explicar cómo funcionan las inversiones, cuál es su estrategia, cuáles deberían ser las expectativas como inversores y cómo lidiar con la inevitable volatilidad y ciclicidad.

Terminar teniendo razón es una cosa. Pero ¿puedes terminar teniendo razón y, además, convencer a las personas de tu alrededor? Eso es algo totalmente distinto y es fácil pasarlo por alto.

Muchas veces la paciencia es obstinación disfrazada.

El mundo cambia, con lo cual cambiar de opinión no solo es útil, sino crucial.

No obstante, cambiar de opinión es difícil, porque engañarte a ti mismo para creer en algo falso es mucho más fácil que admitir que estás equivocado.

El pensamiento a largo plazo puede convertirse en una muleta para aquellos que están equivocados y no quieren cambiar de opinión. Dicen: «Lo que pasa es que aún es pronto», o: «Todo el mundo está loco», cuando no pueden dejar atrás algo que antes era cierto, pero que el mundo ha desechado.

Para contar con un buen pensamiento a largo plazo hay que distinguir entre cuándo estás teniendo paciencia y cuándo solo te está pudiendo la terquedad. Y esto no es sencillo. La única solución es saber las poquísimas cosas de tu sector que nunca cambiarán y meter todo lo demás en un cajón que hay que actualizar y adaptar de forma constante. Las pocas —poquísimas— cosas que nunca cambian son candidatas a someterse al pensamiento a largo plazo. Todo lo demás tiene fecha de caducidad.

El largo plazo consiste más en tener flexibilidad que en tener un horizonte temporal.

Si estamos en 2010 y tú dices «tengo un horizonte temporal a diez años vista», tu plazo es 2020. Un momento en el que el mundo se vino abajo. Si fueras una empresa o un inversor, ese fue un momento terrible para suponer que el mundo estaba preparado para concederte la recompensa que habías esperado con paciencia.

Un horizonte temporal lejano con una fecha final fija puede depender tanto de la casualidad como un horizonte temporal cercano.

Es mucho mejor la flexibilidad.

El tiempo es la magia de la acumulación y su importancia no puede minimizarse. Aun así, las probabilidades de éxito están más a tu favor cuando mezclas un horizonte temporal lejano con una fecha final flexible, o con un horizonte indefinido.

Benjamin Graham dijo: «El propósito del margen de seguridad es hacer que los pronósticos sean innecesarios». Cuanto mayor es tu flexibilidad, menos necesitas saber qué va a ocurrir a continuación.

Y nunca olvides lo que dijo John Maynard Keynes: «A largo plazo estaremos todos muertos».

Otra idea sobre el pensamiento a largo plazo es cómo influye en la información que consumimos.

Cuando estoy leyendo, intento preguntarme: ¿Me importará esto dentro de un año? ¿Y dentro de diez años? ¿Y dentro de veinte años?

No pasa nada si la respuesta es no, incluso buena parte del tiempo. Pero, si eres sincero contigo mismo, puedes empezar a optar por informaciones más duraderas.

Hay dos tipos de información: la permanente y la caduca.

La información permanente es la siguiente: «¿Cómo se comportan las personas cuando se encuentran ante un riesgo que no habían imaginado?». La caduca es así: «¿Cuántos beneficios obtuvo Microsoft en el segundo trimestre de 2005?».

El conocimiento caduco atrapa más nuestra atención de lo que debería, y lo hace por dos razones.

La primera es que hay una gran cantidad de ese conocimiento y está deseoso de tener ocupada nuestra breve capacidad de atención.

Y la segunda es que vamos tras ella, ansiosos de exprimirla por completo antes de que pierda relevancia.

La información permanente es más difícil de identificar, porque está escondida en libros y no se anuncia en titulares. Pero sus beneficios son enormes. No es solo que la información permanente nunca caduque, con lo cual puedes ir acumulándola, sino que con el tiempo también se multiplica, pues se combina con lo que ya has aprendido. La información caduca te dice lo que ha sucedido; la información permanente te dice por qué algo sucedió y por qué es probable que vuelva a suceder. Ese «por qué» puede traducirse e interactuar con cosas que sabes sobre otros temas. De ahí proviene ese efecto multiplicador que hemos mencionado.

Yo leo periódicos y libros todos los días. No recuerdo ni una sola cosa de las que leí en un periódico de, por decir algo, 2011. Pero te puedo hablar con detalle de varios grandes libros que leí en 2011 y de cómo cambiaron mi forma de pensar. Los recordaré siempre. Voy a seguir leyendo periódicos. Pero, si leyese más libros, es probable que desarrollara unos mejores filtros y marcos que me ayudarían a comprender mejor las noticias.

La conclusión, pues, no es que deberías leer menos periódicos y más libros. Sino que, si lees buenos libros, te será más fácil comprender a qué elementos deberías prestar atención o no de las noticias.

Y a continuación: cuando intentarlo con demasiado ímpetu es contraproducente.

22

Intentarlo con demasiado ímpetu

No te dan más puntos por
el grado de dificultad.

Hablemos ahora de una peculiaridad permanente de la conducta humana: la fascinación por la complejidad, por la estimulación intelectual y por la tendencia a dejar a un lado cosas que son simples, pero muy efectivas, en favor de cosas que son complejas, pero menos efectivas.

En 2013 Harold Varmus, entonces director del Instituto Nacional del Cáncer, pronunció un discurso en el que describía lo difícil que se había vuelto la lucha contra el cáncer. Erradicar esta enfermedad —el objetivo del Instituto Nacional del Cáncer desde que se suscribió este compromiso, en 1971— siempre parecía algo lejano. Varmus dijo:

> Hay una paradoja que ahora debemos afrontar con honestidad. A pesar de los extraordinarios progresos que hemos hecho en la comprensión de los defectos subyacentes de las células cancerosas, no hemos logrado controlar el cáncer como enfermedad humana hasta el grado en que creo que es posible hacerlo.[173]

Una de las piezas que nos faltan, dijo, es que nos centramos demasiado en el tratamiento contra el cáncer y no lo suficiente en su prevención. Si alguien quisiera conseguir la próxima gran ventaja en la lucha contra el cáncer, debería poner la prevención en primera línea.

Sin embargo, la prevención es aburrida, sobre todo comparada con la ciencia y el prestigio de los tratamientos contra el cáncer. Por tanto, aunque sabemos lo importante que es, es difícil que las personas inteligentes se la tomen en serio.

El investigador del cáncer en el MIT Robert Weinberg lo describió una vez de esta forma: no puedes morir de un cáncer si antes no desarrollas cáncer. Pero es fácil obviar esta sencilla verdad porque no es estimulante desde un punto de vista intelectual.

> Convencer a alguien de que deje de fumar es un ejercicio psicológico. No tiene nada que ver con las moléculas, los genes o las células. Por eso a las personas como yo no les suele interesar.[174]

Y esto, dice Weinberg, a pesar de que conseguir que la gente deje de fumar puede tener más impacto en la lucha contra el cáncer que cualquier cosa que él, como biólogo, pueda hacer a lo largo de su vida.

Es asombroso, ¿verdad?

He aquí uno de los mejores investigadores sobre el cáncer del mundo que te dice que podría alcanzar resultados de mayor calado con respecto a la enfermedad si trabajase para conseguir que la gente dejase de fumar, pero que para él esto no es lo bastante *estimulante desde un punto de vista intelectual.* O para muchos científicos. Da lo mismo.

A ver, no lo culpo; y Weinberg ha aportado un valor descomunal a la lucha contra el cáncer.

Pero aquí tenemos un caso en el que se favorece la complejidad porque genera entusiasmo, cuando en realidad la simplicidad podría ser mucho más útil.

Y esa, como te contaré enseguida, es una gran lección que se aplica a muchas áreas.

El experto en informática teórica Edsger Dijkstra escribió una vez:

> La simplicidad es el rasgo distintivo de la verdad: deberíamos saber más, pero la complejidad sigue teniendo una atracción morbosa. Cuando ante un público académico das una conferencia que es más clara que el agua de principio a fin, el público se siente estafado [...]. La triste realidad es que la complejidad vende más.[175]

La triste realidad es que la complejidad vende más.

Desde luego que lo hace. Lo vemos por todas partes.

Tomando un ejemplo simple: la Constitución de Estados Unidos contiene 7591 palabras. Comparemos esta cantidad con el contrato hipotecario medio, que contiene más de 15 000 palabras, y con el acuerdo de condiciones del servicio del iCloud de Apple, que tiene 7314 palabras. El reglamento fiscal estadounidense tiene más de 11 millones de palabras.

A veces la longitud es necesaria. Cuando los Aliados se reunieron para debatir sobre lo que había que hacer con Alemania después de la Segunda Guerra Mundial, Winston Churchill declaró: «Estamos hablando del destino de 80 millones de personas, con lo cual hacen falta más de 80 minutos para debatirlo».

No obstante, en la mayoría de las situaciones unas pocas variables sencillas son el desencadenante de la mayor parte de los resultados. Si tienes controladas las pocas cosas que importan, ya tienes suficiente. Buena parte de lo que se añade después de eso es un relleno innecesario que, o bien es seductor intelectualmente, o bien te hace perder el tiempo, o bien está diseñado para confundirte o impresionarte.

La naturaleza encontró una solución para esto.

El paleontólogo del siglo XIX Samuel Williston fue el primero en reparar en una tendencia histórica relativa a la reducción de las partes del cuerpo. Los animales primitivos a menudo tenían muchas partes duplicadas; luego la evolución redujo su cantidad, pero aumentó su utilidad. «La trayectoria de la evolución ha consistido en reducir el número de partes y adaptar las que permanecen a sus usos especiales de un modo más íntimo, ya sea incrementando su tamaño o modificando su forma y su estructura», escribió Williston en 1914.[176]

En muchos casos, los animales que tenían cientos de dientes evolucionaron hasta tener un puñado de incisivos, caninos y molares especializados. Decenas de mandíbulas se fusionaron para crear dos grandes. Cráneos a menudo compuestos por cientos de huesos minúsculos evolucionaron hasta tener, por lo general, menos de 30.[177]

La evolución desarrolló su versión de la simplificación. Si pudieras oír a la evolución hablando, diría: «Quita de en medio toda esa porquería inútil. Dame solo las pocas cosas que necesito y haz que sean efectivas».

Un truco para aprender un tema complicado es darse cuenta de la gran cantidad de detalles complejos que están vinculados con algo simple. John Reed escribió en su libro *Succeeding* [Tener éxito]:

> Cuando empiezas a estudiar un ámbito del conocimiento, parece que tienes que memorizar tropecientas mil cosas. Pero

> no es el caso. Lo que tienes que hacer es identificar los principios centrales —en general, entre tres y doce— que rigen ese ámbito. Los millones de cosas que pensabas que tenías que memorizar no son más que combinaciones de esos principios centrales.[178]

Esto tiene una importancia capital. En el mundo financiero, gastar menos de lo que ganas, ahorrar la diferencia y tener paciencia es quizás el 90 por ciento de lo que tienes que hacer para que te vayan bien las cosas. Pero ¿qué se enseña en la universidad? Cómo establecer el precio de los derivados y cómo calcular el valor neto actual. En el ámbito de la salud, se trata de dormir ocho horas, moverse mucho, comer alimentos de verdad, pero no demasiado. Pero ¿qué es popular? Los suplementos, los truquitos y las pastillas.

Mark Twain dijo que los niños son quienes dan la información más interesante, «porque dicen todo lo que saben y luego se callan». Los adultos suelen perder esta habilidad. O aprenden una nueva: cómo deslumbrar diciendo tonterías. Stephen King explica lo siguiente en su libro *Mientras escribo*:

> Este libro es breve porque la mayor parte de los libros sobre el oficio de escribir están llenos de bobadas. Me di cuenta de que, cuanto más breve es el libro, menos bobadas contiene.[179]

Poesía.

La pregunta, entonces, es la siguiente: ¿por qué? ¿Por qué la complejidad y la longitud son tan atractivas cuando con la simplicidad y la brevedad ya tendríamos suficiente?

He aquí algunos motivos:

La complejidad da una reconfortante impresión de control, mientras que es difícil distinguir la simplicidad de la ignorancia.

En la mayoría de los ámbitos, unas pocas variables dictan la mayor parte de los resultados. Pero si uno presta atención tan solo a esas pocas variables, puede tener la sensación de que está dejando un margen demasiado grande del resultado al destino. Cuantos más botoncitos puedas tocar —una hoja de cálculo con cien celdas o el análisis de *big data*—, más control sientes que tienes de una situación, aunque solo sea porque aumenta la impresión de conocimiento.

La otra cara de la moneda es que prestar atención solo a unas pocas variables e ignorar la mayoría de las demás puede hacerte parecer ignorante. Si un cliente te suelta: «¿Qué me dice de eso? ¿Qué está pasando ahí?», y tú respondes: «Ah, pues no tengo ni idea; ni siquiera me fijo en eso», la probabilidad de que des la impresión de estar desinformado es mayor que la probabilidad de que des la impresión de que dominas la simplicidad.

Las cosas que no entiendes crean una mística alrededor de las personas que sí las entienden.

Si dices algo que yo no sabía, pero que puedo entender, tal vez piense que eres inteligente. Si dices algo que no entiendo, quizás piense que tienes una habilidad para reflexionar sobre una cuestión de maneras que yo no sé, lo cual es un tipo de admiración totalmente distinto. Cuando tú entiendes cosas que yo no entiendo, me cuesta mucho evaluar los límites de tu conocimiento en ese ámbito, lo que me hace más propenso a tomarme tus opiniones al pie de la letra.

La longitud a menudo es lo único que puede indicar esfuerzo y capacidad de reflexión.

Un libro típico de no ficción que verse sobre una sola cuestión tiene quizás unas 250 páginas, algo así como 65 000 palabras.

Lo divertido es que el lector medio no termina ni de lejos la mayor parte de los libros que compra. Incluso en el caso de los éxitos de ventas, los lectores medios los dejan después de leer algunas decenas de páginas.[180] La longitud, pues, debe tener un propósito distinto al de proporcionar más material.

Mi teoría es que la longitud indica que el autor se ha pasado más tiempo reflexionando sobre una cuestión del que te has pasado tú, lo cual puede ser el único dato que señale que él tal vez tenga conocimientos que tú no tienes. No significa que sus ideas sean correctas. Y quizás entiendas su argumento central después de leer dos capítulos. Pero el propósito de los capítulos 3 al 16 suele ser poner de manifiesto que el autor ha trabajado tanto que los capítulos 1 y 2 podrían contener algunos conocimientos. Y lo mismo puede aplicarse a los informes de investigación y a los documentos oficiales.

La simplicidad parece un camino fácil. La complejidad parece un maratón mental.

Si las repeticiones no duelen cuando haces ejercicio, en realidad no estás haciendo ejercicio. El dolor es el signo del progreso, que te dice que estás pagando su inevitable precio de entrada. La comunicación breve y sencilla es diferente. Richard Feynman y Stephen Hawking podían enseñar matemáticas con un lenguaje sencillo que no te daba dolor de cabeza, no porque rebajaran los temas, sino porque sabían cómo llegar de la A a la Z en el menor número de pasos posible. Una regla de oro efectiva no elude la complejidad; resume cosas que no entiendes mediante cosas que sí entiendes. Como un jugador de béisbol que —manteniendo el nivel de la bola al nivel de su mirada— sabe adónde va a ir la bola tan bien como un físico que calcula la trayectoria de la bola con precisión.

El problema de la simplicidad es que las repeticiones no duelen. Por eso no te da la sensación de que estás haciendo una rutina de ejercicios mental. Puede crear una preferencia por el estudio laborioso que de hecho a los estudiantes les parezca bien, porque les da la sensación de que están haciendo levantamientos de pesas cognitivos, con todos los beneficios que se le suponen a esta actividad.

Thomas McCrae era un joven médico del siglo XIX que aún se sentía inseguro respecto a sus aptitudes. Un día le diagnosticó a un paciente una dolencia de estómago frecuente e insignificante. El catedrático de la facultad de medicina de McCrae observó el diagnóstico e interrumpió el proceso con la pesadilla de cualquier estudiante: en realidad, el paciente tenía una enfermedad infrecuente y grave. McCrae nunca había oído hablar de ella.[181]

El diagnóstico requería cirugía inmediata. Después de abrir al paciente, el catedrático se dio cuenta de que el diagnóstico inicial de McCrae era correcto. El paciente estaba bien.

Más adelante, McCrae escribió que, de hecho, se sintió afortunado por no haber oído hablar nunca de esa enfermedad rara.

Aquello permitió que su mente alcanzase el diagnóstico más probable, en lugar de verse afectada por la carga de pensar en enfermedades raras, como la que se le ocurrió al catedrático, con más formación.

Escribió McCrae: «La moraleja de esa situación no es que la ignorancia sea una ventaja, sino que a algunos de nosotros nos atrae demasiado pensar en enfermedades raras y olvidamos la ley de los promedios al hacer diagnósticos».

Esta idea no es intuitiva, así que puede volverte loco. Y es difícil identificarla: ¿quizás el profesor de McCrae actuó con la debida precaución?

Fuera como fuese, una verdad que se aplica a casi cualquier ámbito del saber es que no te dan puntos por el grado de complejidad. Es posible intentarlo con demasiado ímpetu, sentirse demasiado atraído por la complejidad, y actuar así puede ser espectacularmente contraproducente.

Pues ya hemos llegado al último capítulo. Y es uno de mis favoritos.

23

Las heridas se curan, las cicatrices permanecen

¿Qué has experimentado tú que yo no haya vivido y que te hace creer en lo que haces? Y ¿vería yo el mundo igual que tú si experimentase lo que has vivido tú?

Si pasas en coche por delante del Pentágono, en la ciudad de Washington, no verás rastro alguno del avión que se estrelló contra sus muros el 11 de septiembre de 2001.

Sin embargo, a tres minutos en coche desde allí, en el Aeropuerto Nacional Ronald Reagan, las cicatrices del 11S están por todas partes. Al pasar por el control de seguridad, quítate los zapatos, el abrigo y el cinturón, saca la pasta de dientes, pon las manos arriba y vacía la botella de agua.

Y esta es una característica habitual de cómo piensa la gente: las heridas se curan, pero las cicatrices permanecen.

Hay una larga historia de personas que se adaptan y se reinventan, mientras que las cicatrices de sus duras experiencias permanecen para siempre y cambian la percepción que tendrán del riesgo, las recompensas, las oportunidades y los objetivos a lo largo de su vida.

Un componente importante del comportamiento humano es que las personas que han tenido experiencias distintas a las tuyas pensarán de una forma diferente a la tuya. Tendrán objetivos, perspectivas, deseos y valores distintos. Así que la mayoría de los debates no son desacuerdos reales; son personas con experiencias distintas que se interrumpen unas a otras.

Déjame que comparta contigo varios acontecimientos de la historia en los que el peso de las experiencias personales ha conducido a cambios enormes en las perspectivas que tiene la gente sobre la vida.

Más de 30 millones de personas —más o menos la población de California— murieron a lo largo de cuatro años en el frente oriental durante la Segunda Guerra Mundial. La decena y pico de territorios que constituían la República Soviética representaban alrededor de un 10 por ciento de la población mundial en 1940. En 1945 había fallecido casi un 14 por ciento de ese grupo. 70 000 pueblos estaban completamente destruidos.[182]

Circulan historias de personas que aún encuentran huesos, balas y bombas en esa región hoy en día, pero la mayor parte de los daños físicos de la guerra se repararon antes de 1960. Se reconstruyeron las industrias. La gente se reorganizó. La población total superó su nivel de antes de la guerra menos de una década después de que terminara el conflicto bélico.

Esta tendencia fue más perceptible en Japón, cuya economía se abrió a los mercados internacionales tras la guerra. En 1946 Japón producía suficientes alimentos para suministrar solo 1500 calorías al día a sus ciudadanos.[183] En 1960 era una de las economías con mayor crecimiento del planeta. Su PIB aumentó de 91 000 millones de dólares en 1965 a 1,1 billones de dólares en 1980 y sus sectores tecnológico e industrial rivalizaron con todas las demás áreas del mundo y las superaron.

Lo mismo puede decirse de las recesiones: las heridas se curan. Y de los mercados: las situaciones se recuperan. Y de los negocios: los errores pasados se olvidan.

Pero las cicatrices permanecen.

En un estudio que se hizo con 20 000 personas de trece países que vivieron la Segunda Guerra Mundial, se halló que tenían un 3 por ciento más de probabilidad de tener diabetes de adultos y una probabilidad un 6 por ciento más alta de sufrir depresión. Comparados con quienes no habían vivido la guerra, tenían una menor probabilidad de casarse y estaban menos satisfechos con su vida en la vejez.[184]

En 1952 Frederick Lewis Allen escribió sobre quienes habían vivido los años de la Gran Depresión:

> No podían quitarse de encima un miedo latente y constante a que las cosas empeorasen más aún, y en demasiados casos de hecho pasaron hambre [...].
>
> [Vieron] desde una perspectiva crítica la vieja fórmula del éxito de Horatio Alger: mostrarse escéptico ante el hecho de probar suerte motivados solo por la ambición; ver con buenos ojos los trabajos seguros, aunque fueran poco osados, los programas de seguridad de social, los sistemas de pensiones de jubilación. A raíz de haber vivido unas experiencias duras, habían aprendido a desear la seguridad.[185]

A raíz de haber vivido unas experiencias duras, habían aprendido a desear la seguridad.

Esto, por su parte, se escribió en los años cincuenta, cuando la economía estadounidense iba viento en popa y la tasa de desempleo estaba próxima a un mínimo de récord de menos de un 3 por ciento.

Es demasiado fácil analizar la historia y decir: «Mira, si hubieras esperado y hubieras adoptado una perspectiva a largo plazo, la situación se habría recuperado y la vida habría seguido adelante», sin darte cuenta de que las mentalidades son más difíciles de reparar que los edificios y los flujos de dinero.

Podemos observar y cuantificar casi todo lo que existe en el mundo salvo los estados de ánimo, los miedos, las esperanzas, los rencores, los objetivos, los desencadenantes y las expectativas de las personas. A esto se debe, en parte, que la historia sea tal concatenación permanente de acontecimientos desconcertantes, y siempre lo será.

El psicólogo Iván Pávlov adiestró a sus perros para que babeasen.

Lo hizo tocando una campanita antes de darles de comer. Los perros aprendieron a asociar el tañido de la campanita con una comida inminente, lo cual ponía en marcha su respuesta salival.

Los perros de Pávlov se hicieron famosos porque enseñaron a los psicólogos la ciencia de la conducta adquirida.

Menos conocido, no obstante, es lo que les ocurrió a esos pobres perros años después.

En 1924 unas enormes inundaciones afectaron Leningrado, donde Pávlov tenía su laboratorio y su perrera. El agua llegó hasta las jaulas de los perros. Algunos murieron. Los que sobrevivieron se vieron obligados a nadar unos 400 metros para llegar a un lugar seguro. Más adelante Pávlov calificó esos hechos como lo más traumático que habían experimentado nunca esos perros de lejos.

Luego ocurrió algo fascinante: al parecer, los perros olvidaron la conducta adquirida de babear al sonar la campanita.

Pávlov escribió sobre uno de los perros once días después de que las aguas volvieran a su cauce:

> Tras la aplicación [de la campanita], todos los reflejos condicionados restantes desaparecieron casi por completo, el animal volvió a rechazar la comida, se volvió muy inquieto y dirigía constantemente la mirada hacia la puerta.[186]

Pávlov, que siempre fue un científico curioso, se pasó meses estudiando cómo la inundación había alterado la conducta de sus perros. Muchos nunca volvieron a ser los mismos: después de la inundación tuvieron una personalidad completamente distinta y la conducta adquirida que antes tenían aprendida se había desvanecido. El científico resumió así lo que había ocurrido y cómo se aplica a los seres humanos:

> Distintas condiciones productoras de una respuesta emocional extrema a menudo conducen a una profunda y prolongada pérdida del equilibrio de la actividad nerviosa y psíquica [...]. Pueden desarrollarse neurosis y psicosis como consecuencia de peligros extremos vividos por uno mismo o por amigos cercanos, o incluso por el hecho de presenciar algún acontecimiento aterrador, aunque no le afecte a uno de forma directa.[187]

Las personas suelen tener poca memoria. La mayoría de las veces olvidan las malas experiencias y hacen caso omiso de las lecciones que habían aprendido.

No obstante, el estrés extremo deja una cicatriz.

Experimentar algo que te lleva al borde de la perdición y te hace cuestionar si vas a sobrevivir puede restaurar de forma permanente tus expectativas y cambiar comportamientos que antes tenías adquiridos.

«Una mente que se ve sometida al estrés de una nueva experiencia no puede volver nunca a sus dimensiones originales», dijo Oliver Wendell Holmes.

Por eso la generación que vivió la Gran Depresión nunca volvió a ver el dinero de la misma forma después de aquella debacle. Ahorraron más, se endeudaron menos y fueron más reticentes a la asunción de riesgos durante el resto de su vida. Eso se hizo evidente incluso antes de que terminara la Depresión. Frederick Lewis Allen cita un artículo de la revista *Fortune* escrito en 1936:

> La generación universitaria actual es fatalista [...], nunca va a jugarse la vida. Tiene paciencia, pone al mal tiempo buena cara y no levanta la voz. Si nos fijamos en el promedio, se trata de una generación precavida, sumisa y conformista.

Lo mismo ocurrió después de la Segunda Guerra Mundial. En los años de posguerra tuvo lugar un bum económico en Estados Unidos. En Europa, físicamente destruida, la situación era otra. En 1947 Hamilton Fish Armstrong relató en la revista *Foreign Affairs* cómo era la vida en Europa:

> Cada minuto se dedica a arramblar con comida, ropa y combustible suficiente para aguantar las siguientes 24 horas. Hay demasiado poco de todo [...]: no hay suficientes viviendas para vivir ni suficiente cristal para las ventanas; no hay suficiente cuero para los zapatos, ni lana para los jerséis, ni gas para cocinar, ni algodón para los pañales, ni azúcar para la mermelada, ni grasa para cocinar, ni leche para los bebés ni jabón para lavar.[188]

Después de la guerra, John Maynard Keynes pronosticó que los países destruidos por el conflicto bélico iban a tener «ansias de seguridad social y personal».

Y eso es lo que sucedió.

El historiador Tony Judt señala que, en la Europa de posguerra, la situación era tan mala que solo el Estado podía ofrecer esperanzas de salvación a las masas de desplazados. Y eso hizo. Después del conflicto, toda clase de elementos —desde unas generosas prestaciones por desempleo hasta la sanidad universal— se convirtieron en algo habitual de una forma que nunca prendió en Estados Unidos.[189]

El historiador Michael Howard ha dicho que la guerra y el estado del bienestar van de la mano.[190] Quizás eso se deba a que incluso los que están mejor preparados en términos económicos, los más reacios a asumir riesgos y los que tienen más previsión pueden quedar destruidos por completo como resultado de una guerra. Los europeos no pudieron elegir si querían quedar atrapados en medio de la Segunda Guerra Mundial: se convirtió en la cuestión más apremiante de su vida tanto si estaban a favor como en contra del conflicto y desbarató su sensación de control tanto si estaban preparados para ello como si no.

Este es el motivo por el que la generación del *baby boom*, que vivió los años setenta y ochenta, ve la inflación de una manera que sus hijos no podían ni imaginar de jóvenes.

Y es también la razón por la que puedes clasificar a los emprendedores tecnológicos de hoy en día en dos grupos claramente diferenciados: los que vivieron la crisis de las puntocom a finales de los años noventa y los que no la vivieron porque eran demasiado jóvenes.

Suelen pasar dos cosas cuando eres víctima de un batacazo fuerte e inesperado:

- Supones que lo que acaba de ocurrir seguirá ocurriendo, pero con mayor intensidad y mayores consecuencias.
- Haces pronósticos con mayor convicción, a pesar de que el acontecimiento original fuera un hecho improbable y algo que pocos —o nadie— habían predicho.

Cuanto más impactante es la sorpresa, más cierto es eso.

Y, sobre todo, más les costará entender tu punto de vista a aquellos que no experimentaron ese gran acontecimiento.

La historia más antigua es la de dos partes que no se ponen de acuerdo.

La pregunta «¿por qué no estás de acuerdo conmigo?» puede tener un número infinito de respuestas. A veces una parte es egoísta o estúpida, o está ciega o desinformada.

Sin embargo, suele ser mejor hacerse las siguientes preguntas: «¿Qué has experimentado tú que yo no haya vivido y te hace creer en lo que haces?». Y «¿vería yo el mundo igual que tú si experimentase lo que has vivido tú?».

Estas son las preguntas que contienen la mayoría de las respuestas a por qué las personas no se ponen de acuerdo.

Pero también son unas preguntas muy difíciles de plantear.

Es incómodo pensar que lo que no has experimentado podría cambiar lo que crees, porque esto supone admitir tu propia ignorancia. Es mucho más fácil suponer que quienes discrepan contigo se están esforzando menos que tú a la hora de reflexionar.

Así que la gente va a disentir, incluso ahora que el acceso a la información está aumentando en un grado exponencial. Pueden discrepar más que nunca porque, como dice Benedict Evans, «cuanto más expone internet a las personas a nuevos puntos de vista, más se enfada la gente al ver que existen opiniones diferentes».

Los desacuerdos no tienen tanto que ver con lo que las personas saben como con lo que han experimentado.

Y puesto que las experiencias siempre van a ser distintas, los desacuerdos serán constantes.

Como siempre ha sido.

Como siempre será.

Como siempre fue.

Preguntas

La noche antes de la invasión del Día D, Franklin Roosevelt preguntó a su esposa, Eleanor, qué le parecía no saber qué iba a ocurrir al día siguiente.

—Tener casi setenta años y que aún te subleve la incertidumbre es ridículo, ¿no? —dijo ella.[191]

Lo es. Pero lo hacemos. Siempre lo hemos hecho. Y siempre lo haremos.

La idea de que lo que nos espera es un agujero negro de incertidumbre puede ser muy intimidante; es más fácil creer lo contrario: que podemos ver el futuro y que su trayectoria es lógica y predecible. No hay ninguna creencia que sea tan común a lo largo de la historia ni ninguna creencia que sea errónea de una forma tan sistemática.

El intento típico para eliminar un futuro incierto es dirigir la mirada al futuro y aguzar la vista entornando los ojos: para hacer pronósticos con mayor precisión, más datos y más inteligencia.

Mucho más eficaz, no obstante, es hacer lo contrario: mirar atrás y adoptar una perspectiva amplia. En lugar de intentar averiguar pequeñas maneras en las que el futuro podría cambiar, estudiar las grandes cosas de las que el pasado nunca ha escapado.

Diez años atrás, me marqué el objetivo de leer más historia y menos pronósticos. Fue uno de los cambios más reveladores de mi vida. Y la ironía es que, cuanta más historia he leído, más cómodo me he sentido con respecto al futuro. Cuando uno se centra en lo que nunca cambia, deja de intentar predecir acontecimientos inciertos y dedica más tiempo a entender los comportamientos atemporales. Espero que este libro te haya animado a seguir este camino.

Intento no dar consejos a las personas que no conozco, porque cada persona es distinta y es poco habitual que haya recomendaciones que sirvan a todo el mundo.

Así pues, en vez de terminar este libro con una lista de conclusiones para que las apliques a tu vida, te dejaré con una lista de preguntas, todas relacionadas con los capítulos que acabas de leer, para que te las plantees.

> ¿Qué persona tiene las respuestas adecuadas, pero no le hago caso porque no se expresa con elocuencia?
>
> ¿Con cuál de mis opiniones actuales estaría en desacuerdo en caso de haber nacido en un país o una generación diferentes?
>
> ¿Qué quiero desesperadamente que sea verdad hasta el punto de que pienso que es verdad a pesar de que no lo es?
>
> ¿Qué problema creo que se aplica solo a otros países/sectores/carreras profesionales, pero va a terminar afectándome a mí?
>
> ¿Qué pienso que es cierto, pero en realidad no es más que buen *marketing*?
>
> ¿Qué no he experimentado en primera persona que me hace ser ingenuo ante cómo funciona algo?

¿Qué parece insostenible, pero de hecho es una nueva tendencia que aún no hemos aceptado?

¿Qué creo que es inteligente, pero en realidad es una bobada?

¿Estoy preparado para lidiar con riesgos que ni siquiera puedo concebir?

¿Cuál de mis opiniones actuales cambiaría si mis incentivos fueran distintos?

¿Qué ignoramos hoy en día que dentro de unos años va a parecer asombrosamente obvio?

¿Qué acontecimientos estuvieron a punto de suceder que habrían cambiado por entero el mundo que conozco en caso de haber ocurrido?

¿Hasta qué punto cosas que están fuera de mi control contribuyeron a que ocurrieran cosas de las que me atribuyo el mérito?

¿Cómo sé si estoy siendo paciente (una habilidad) u obstinado (un defecto)?

¿A quién admiro que en la intimidad es una persona lamentable?

¿De qué molestias estoy intentando deshacerme que de hecho son un coste inevitable del éxito?

¿Qué genio chiflado que aspiro a imitar en realidad no es sino un chiflado a secas?

¿Qué firme convicción tengo que es muy probable que vaya a cambiar?

¿Qué cosas han sido ciertas siempre?

¿Qué es lo que nunca cambia?

Agradecimientos

Escribir puede ser una tarea solitaria. Estáis solo tú, el teclado y un cerebro que se tambalea entre una creatividad entusiasta un día y las dudas al día siguiente.

Sin embargo, en algunos aspectos la profesión es social en esencia. Todo escritor puede reflexionar sobre cuántas personas lo han inspirado y hacer un reconocimiento a las decenas o cientos de otros escritores, pensadores, investigadores y mentes diversas que han influido en su proceso de escritura.

A continuación, quiero mencionar a algunas de las personas que me han brindado una especial inspiración o ayuda, sean conscientes de ello o no:

Carl Richards
John Reeves
Craig Shapiro
Dan Gardner
Bethany McLean
Kathleen Kimball
Matt Koppenheffer
Jason Zweig
Betty Cossitt
Noah Schwartzberg
Mollie Glick

Mark Pingle
Craig Pearce
Brian Richards
Jenna Abdou
Mike Ehrlich
Erik Larson
Bill Mann
Derek Thompson
Tom Gaynor
Chris Hill
Candice Millard
Robert Kurson
Jung-ju Kim
James Clear
Frank Housel Sr.
Michael Batnick

Y, por supuesto, mi esposa, Gretchen, y mis padres, Ben y Nancy, sin cuyo apoyo y consejos estaría perdido.

Notas

Epígrafes

1. Carl Jung, *Collected Works of C. G. Jung*, vol. 7: *Two Essays in Analytical Psychology*, Princeton (Nueva Jersey), Princeton University Press, 1972.

2. Arthur Schopenhauer, *The Wisdom of Life, Being the First Part of Arthur Schopenhauer's Aphorismen Zur Lebensweisheit*, Londres, S. Sonnenschein & Co., 1897.

3. Tim Ferris, *Tools of Titans: The Tactics, Routines, and Habits of Billionaires, Icons, and World-Class Performers*, Boston, Houghton Mifflin Harcourt, 2017.

4. Niall Ferguson, *Civilization: The West and the Rest*, Nueva York, Penguin Books, 2012.

Introducción

5. Jeff Hayden, «20 Years Ago, Jeff Bezos Said This 1 Thing Separates People Who Achieve Lasting Success From Those Who Don't», *Inc.*, 6 de noviembre de 2017, <www.inc.com/jeff-haden/20-years-ago-jeff-bezos-said-this-1-thing-separates-people-who-achieve-lasting-success-from-those-who-dont.html>.

6. Eric Jorgenson, *The Almanack of Naval Ravikant: A Guide to Wealth and Happiness*, s. l., Magrathea, 2020, p. 82.

Capítulo 1: Colgando de un hilo

7. Tim Urban, @waitbutwhy, publicación de Twitter, 21 de abril de 2021, 1:13 pm, <twitter.com/waitbutwhy/status/1384963403475791872?s=20&t=4i2ekW6c1cwAp6S1qB6YUA>.

8. *Charlie Rose*, temporada 14, episodio 186, «David McCullough», 30 de mayo de 2005, PBS, <charlierose.com/videos/18134>.

9. Erik Larson, *Dead Wake: The Last Crossing of the Lusitania*, Nueva York, Crown, 2015, pp. 117, 326.

10. Joseph T. McCann, *Terrorism on American Soil*, Boulder (Colorado), Sentient Publications, 2006, pp. 69-70.

11. «This Day in History: February 15, 1933: FDR Escapes Assassination Attempt in Miami», History.com, 16 de noviembre de 2009, actualizado el 11 de febrero de 2021, <history.com/this-day-in-history/fdr-escapes-assassination-in-miami>.

Capítulo 2: El riesgo es lo que no ves

12. Douglas Brinkley, *American Moonshot*, Nueva York, Harper, 2019, p. 237.

13. Jan Herman, «Stratolab: The Navy's High-Altitude Balloon Research», conferencia, Naval Medical Research Institute, Bethesda (Maryland), 1995, <archive.org/details/StratolabTheNavysHighAltitudeBalloonResearch>.

14. Carl Richards, @behaviorgap, publicación de Twitter, 10 de marzo de 2020, 8:19 am, <twitter.com/behaviorgap/status/1237352317592076288>.

15. «Fisher Sees Stocks Permanently High», *New York Times*, 16 de octubre de 1929, <nytimes.com/1929/10/16/archives/fisher-sees-stocks-permanently-high-yale-economist-tells-purchasing.html>.

16. Entrevista del autor con Robert Shiller, 2012.

17. Frederick Lewis Allen, *Since Yesterday*, Nueva York, Harper & Brothers, 1940, reproducido de Thurman W. Arnold, *The Folklore of Capitalism*, New Haven (Connecticut), Yale University Press, 1937.

18. Margaret MacMillan, *History's People: Personalities and the Past* (CBC Massey Lectures), Toronto, House of Anansi Press, 2015.

19. «The Sonic Memorial—Remembering 9/11 with Host Paul Auster», s. f., en *The Kitchen Sisters* (pódcast), <kitchensisters.org/present/sonic-memorial/>.

20. Nassim Nicholas Taleb, *Antifragile: Things That Gain from Disorder*, Nueva York, Random House, 2014.

Capítulo 3: Expectativas y realidad

21. «Where Do We Go from Here?», *Life*, 5 de enero de 1953, p. 86, <books.google.com/books?id=QUIEAAAAMBAJ&q=astonishingly#v=snippet&q=astonishingly&f=false>.

22. «What Have We Got Here», *Life*, 5 de enero de 1953, p. 47, <books.google.com/books?id=QUIEAAAAMBAJ&q=astonishingly#v=onepage&q=straight%20years&f=false>.

23. «The Crisis of the Middle Class and American Power», RANE *Worldview*, 31 de diciembre de 2013, <worldview.stratfor.com/article/crisis-middle-class-and-american-power>.

24. Russell Sage Foundation, «Real Mean and Median Income, Families and Individuals, 1947–2012, and Households, 1967–2012», Chartbook of Social Inequality, s. f., <russellsage.org/sites/all/files/chartbook/Income%20and%20Earnings.pdf>.

25. Jessica Semega y Melissa Kollar, «Income in the United States: 2021», U.S. Census Bureau, Informe número P60-276, 13 de septiembre de 2022, <census.gov/library/publications/2022/demo/p60-276.html#:~:text=Real%20median%20household%20income%20was,and%20Table%20A%2D1)>.

26. Lawrence H. Officer y Samuel H. Williamson, «Annual Wages in the United States, 1774—Present», MeasuringWorth, 2023, <measuringworth.com/datasets/uswage/result.php>.

27. PK, «Historical Homeownership Rate in the United States, 1890–Present», DQYDJ, s. f., <dqydj.com/historical-homeownership-rate-united-states>.

28. Maria Cecilia P. Moura, Steven J. Smith y David B. Belzer, «120 Years of U.S. Residential Housing Stock and Floor Space», ta-

bla 1, *PLoS One* 10, núm. 8, 11 de agosto de 2015, e0134135, <ncbi.nlm.nih.gov/pmc/articles/PMC4532357/table/pone.0134135.t001>.

29. Oficina de Estadísticas Laborales de Estados Unidos, «100 Years of U.S. Consumer Spending», Informe 991, mayo de 2006, <bls.gov/opub/100-years-of-u-s-consumer-spending.pdf>; y «Consumer Expenditures—2021», nota de prensa, 8 de septiembre de 2022, <bls.gov/news.release/cesan.nr0.htm>.

30. Marian L. Tupy, «Workplace Fatalities Fell 95% in the 20th Century. Who Deserves the Credit?», FEE Stories, 16 de septiembre de 2018, <fee.org/articles/workplace-fatalities-fell-95-in-the-20th-century-who-deserves-the-credit>.

31. Barry Avrich, *Prosecuting Evil*, Los Ángeles, Vertical Entertainment, 2018.

32. Gary Rivlin, «In Silicon Valley, Millionaires Who Don't Feel Rich», *New York Times*, 5 de agosto de 2007, <nytimes.com/2007/08/05/technology/05rich.html>.

33. Will Smith, *Will*, Nueva York, Penguin Press, 2021, p. 105.

34. Steve Tignor, «Naomi Osaka Isn't Enjoying Herself Even When She Wins-So You Can Understand Her Need for a Break from the Game», *Tennis*, 4 de septiembre de 2021, <tennis.com/news/articles/naomi-osaka-isn-t-enjoying-herself-even-when-she-wins-so-you-can-understand-her->.

35. David McCullough, *Truman*, Nueva York, Touchstone, 1992.

36. Buffett Online, «2022 Daily Journal Annual Meeting», 16 de febrero de 2022, vídeo de YouTube, <youtube.com/watch?v=22faKkazye4&ab_channel=BuffettOnline>.

Capítulo 4: Mentes extraordinarias

37. Cathal Dennehy, «Eliud Kipchoge: Inside the Camp, and the Mind, of the Greatest Marathon Runner of All Time», *Irish Examiner*, 29 de octubre de 2021, <irishexaminer.com/sport/othersport/arid-40732662.html>.

38. Robert Coram, *Boyd: The Fighter Pilot Who Changed the Art of War*, Nueva York, Back Bay Books, 2004, pp. 58, 68, 130, 172, 450.

39. Ronald Spector, «40-Second Man», reseña de *Boyd: The Fighter Pilot Who Changed the Art of War*, *New York Times*, 9 de marzo de 2003, <nytimes.com/2003/03/09/books/40-second-man.html>.

40. Coram, *Boyd*, p. 184.

41. John Maynard Keynes, «Newton, the Man», conferencia no pronunciada, en Elizabeth Johns, ed., *The Collected Writings of John Maynard Keynes*, Cambridge y Londres, Cambridge University Press y Royal Economic Society, 1978, disponible en <mathshistory.st-andrews.ac.uk/Extras/Keynes_Newton>.

42. Franklin J. Schaffner, *Patton*, Los Ángeles, 20th Century Fox, 1970.

43. Loren Grush, «Elon Musk Elaborates on His Proposal to Nuke Mars», *Verge*, 2 de octubre de 2015, <theverge.com/2015/10/2/9441029/elon-musk-mars-nuclear-bomb-colbert-interview-explained>.

44. Andrew Griffin, «Elon Musk: The Chance We Are Not Living in a Computer Simulation Is 'One in Billions'», *Independent*, 2 de junio de 2016, <independent.co.uk/tech/elon-musk-ai-artificial-intelligence-computer-simulation-gaming-virtual-reality-a7060941.html>.

45. Jorgenson, *The Almanack of Naval Ravikant*, p. 144.

Capítulo 5: La locura de las cifras

46. *Comedians in Cars Getting Coffee*, temporada 5, episodios 7–8, «The Unsinkable Legend—Part 1 & Part 2», 18 de diciembre de 2014, Crackle.

47. Kathryn Bigelow, *Zero Dark Thirty*, Culver City (California), Sony Pictures, 2012.

48. John A. Gans Jr., «'This Is 50-50': Behind Obama's Decision to Kill Bin Laden», *Atlantic*, 10 de octubre de 2012, <theatlantic.com/international/archive/2012/10/this-is-50-50-behind-obamas-decision-to-kill-bin-laden/263449>.

49. Tim Adams, «This Much I Know: Daniel Kahneman», *Guardian*, 7 de julio de 2012, <theguardian.com/science/2012/jul/08/this-much-i-know-daniel-kahneman>.

50. Robert D. McFadden, «Odds-Defying Jersey Woman Hits Lottery Jackpot 2d Time», *New York Times*, 14 de febrero de 1986, <nytimes.com/1986/02/14/nyregion/odds-defying-jersey-woman-hits-lottery-jackpot-2d-time.html>.

51. Gina Kolata, «1-in-a-Trillion Coincidence, You Say? Not Really, Experts Find», *New York Times*, 27 de febrero de 1990, <nytimes.com/1990/02/27/science/1-in-a-trillion-coincidence-you-say-not-really-experts-find.html>.

52. Freeman Dyson, «One in a Million», *New York Review of Books*, 25 de marzo de 2004, <nybooks.com/articles/2004/03/25/one-in-a-million>.

53. Frederick Lewis Allen, *The Big Change: American Transforms Itself 1900–1950*, 1952; reimpresión, Nueva York, Routledge, 2017, pp. 8, 23.

54. Megan Garber, «The Threat to American Democracy That Has Nothing to Do with Trump», *Atlantic*, 11 de julio de 2020, <theatlantic.com/culture/archive/2020/07/ghosting-news-margaret-sullivans-alarm-bell/614011>.

55. Steven Pinker, «The Media Exaggerates Negative News. This Distortion Has Consequences», *Guardian*, 17 de febrero de 2018, <theguardian.com/commentisfree/2018/feb/17/steven-pinker-media-negative-news>.

56. Allen, *The Big Change*, p. 8.

57. Peter T. Kaufman, ed., *Poor Charlie's Almanack: The Wit and Wisdom of Charles T. Munger*, Marceline (Misuri), Walsworth Publishing Co., 2005, p. 205.

58. Eric Schurenberg, «Why the Experts Missed the Crash», CNN *Money*, 18 de febrero de 2009, <money.cnn.com/2009/02/17/pf/experts_Tetlock.moneymag/index.htm>.

59. Oficina Nacional de Investigación Económica de Estados Unidos, «Business Cycle Dating», s. f., <nber.org/research/business-cycle-dating>.

Capítulo 6: La mejor historia gana

60. *Wall Street Journal*, «How Martin Luther King Went Off Script in 'I Have a Dream'», 24 de agosto de 2013, vídeo de YouTube, <youtube.com/watch?v=KxlOlynG6FY>.

61. Martin Luther King Jr., «I Have a Dream», discurso pronunciado en la Marcha en Washington por el Empleo y la Libertad, Washington, D. C., 28 de agosto de 1963, transcripción disponible en <americanrhetoric.com/speeches/mlkihaveadream.htm>.

62. «This Day in History: August 28, 1963: Mahalia Jackson Prompts Martin Luther King Jr. to Improvise 'I Have a Dream' Speech», History.com, s. f., <history.com/this-day-in-history/mahalia-jackson-the-queen-of-gospel-puts-her-stamp-on-the-march-on-washington>.

63. King, «I Have a Dream», <youtube.com/watch?v=smEqnnklfYs>.

64. Ken Burns, *Mark Twain*, Walpole (Nuevo Hampshire) y Arlington (Virginia), Florentine Films en colaboración con WETA, 2001.

65. C. R. Hallpike, «Review of Yuval Harari's *Sapiens*: A Brief History of Humankind», AIPavilion, 2017, <aipavilion.github.io/docs/hallpike-review.pdf>.

66. Ian Parker, «Yuval Noah Harari's History of Everyone, Ever», *New Yorker*, 10 de febrero de 2020, <newyorker.com/magazine/2020/02/17/yuval-noah-harari-gives-the-really-big-picture>.

67. Ken Burns, *The Civil War*, Walpole (Nuevo Hampshire) y Arlington (Virginia), Florentine Films en colaboración con WETA, 1990.

68. «Ken Burns», *SmartLess* (pódcast), 20 de septiembre de 2021, <podcasts.apple.com/us/podcast/ken-burns/id1521578868?i=1000535978926>.

69. Equipo de Mfame, «The Tragedy of *SS Kiangya*», Mfame, 21 de enero de 2016, <mfame.guru/tragedy-ss-kiangya>.

70. Equipo editorial, «Sinking of *Doña Paz*: The World's Deadliest Shipping Accident», Safety4Sea, 8 de marzo de 2022, <safety4sea.com/cm-sinking-of-dona-paz-the-worlds-deadliest-shipping-accident>.

71. «'Africa's Titanic' 20 Years Later: Sinking of *Le Joola* Has Lessons for Ferry Safety», SaltWire, 3 de octubre de 2022, <saltwire.com/halifax/news/local/africas-titanic-20-years-later-sinking-of-le-joola-has-lessons-for-ferry-safety-100778847>.

72. Ken Burns, *Mark Twain*.

73. «Richard Feynman Fire», Nebulajr, 15 de abril de 2009, vídeo de YouTube, <youtube.com/watch?v=N1pIYI5JQLE&ab_channel=nebulajr>.

74. Walter Isaacson, *Einstein: His Life and Universe*, Nueva York, Simon & Schuster, 2007.

75. Anthony Breznican, «Steven Spielberg: The EW interview», *Entertainment Weekly*, 2 de diciembre de 2011, <ew.com/article/2011/12/02/steven-spielberg-ew-interview>.

76. Dee Hock, *Autobiography of a Restless Mind: Reflections on the Human Condition*, vol. 2, Bloomington (Indiana), iUniverse, 2013.

Capítulo 7: No cuadra

77. Will Durant, *Fallen Leaves: Last Words on Life, Love, War, and God*, Nueva York, Simon & Schuster, 2014.

78. Ken Burns y Lynn Novick, *The Vietnam War*, Walpole (Nuevo Hampshire), Florentine Films *et al.*, 2017.

79. Burns y Novick, *The Vietnam War*.

80. Ron Baker, «The McKinsey Maxim: 'What You Can Measure You Can Manage.' HOKUM!», Firm of the Future, 18 de febrero de 2020, <firmofthefuture.com/content/the-mckinsey-maxim-what-you-can-measure-you-can-manage-hokum>.

81. Julie Bort, «Amazon Founder Jeff Bezos Explains Why He Sends Single Character '?' Emails», *Inc.*, 23 de abril de 2018, <inc.com/business-insider/amazon-founder-ceo-jeff-bezos-customer-emails-forward-managers-fix-issues.html>.

82. Niall Ferguson, *The War of the World: Twentieth-Century Conflict and the Descent of the West*, Nueva York, Penguin Press, 2006, p. 537.

83. Premio Nobel, «Archibald V. Hill: Biographical», 1922, <nobelprize.org/prizes/medicine/1922/hill/biographical>.

84. Timothy David Noakes, «Fatigue Is a Brain-Derived Emotion That Regulates the Exercise Behavior to Ensure the Protection of Whole Body Homeostasis», *Frontiers in Physiology* 3, núm. 82, 2012, 1, <ncbi.nlm.nih.gov/pmc/articles/PMC3323922>.

85. Eric R. Kandel, *In Search of Memory: The Emergence of a New Science of Mind*, Nueva York, W. W. Norton, 2007.

86. Alex Hutchinson, *Endure: Mind, Body, and the Curiously Elastic Limits of Human Performance*, Boston, Mariner Books, 2018, pp. 22-27 y 45-46.

87. «(1) Muscular Movement in Man: The Factors Governing Speed and Recovery from Fatigue (2) Living Machinery: Six Lectures Delivered before a 'Juvenile Auditory' at the Royal Institution, Christmas 1926 (3) Basal Metabolism in Health and Disease», *Nature* 121, 1928, pp. 314-316, <nature.com/articles/121314a0>.

Capítulo 8: La calma planta las semillas de la locura

88. Hyman P. Minsky, «The Financial Instability Hypothesis», Documento de Trabajo núm. 74, Instituto Levy de Economía del Bard College, mayo de 1992, <levyinstitute.org/pubs/wp74.pdf>.

89. Kelly Hayes, @MsKellyMHayes, publicación de Twitter, 11 de julio de 2020, 4:22 pm, <twitter.com/MsKellyMHayes/status/1282093046943952902>.

90. Dan Carlin, *The End Is Always Near*, Nueva York, Harper, 2019, p. 194.

91. Victoria Hansen *et al.*, «Infectious Disease Mortality Trends in the United States, 1980–2014», *Journal of the American Medical Association* 316, núm. 20, 22-29 de noviembre de 2016, pp. 2149-2151, <jamanetwork.com/journals/jama/article-abstract/2585966>.

92. Clark Whelton, «Say Your Prayers and Take Your Chances», *City Journal*, 13 de marzo de 2020, <city-journal.org/article/say-your-prayers-and-take-your-chances>.

93. Ed Yong, «How the Pandemic Defeated America», *Atlantic*, septiembre de 2020, <theatlantic.com/magazine/archive/2020/09/coronavirus-american-failure/614191>.

94. Admin, «Incredible 2017 Tahoe Snow Totals», *Tahoe Ski World*, 28 de diciembre de 2018, <tahoeskiworld.com/incredible-2017-tahoe-snow-totals>.

95. Associated Press, «Out in the California Desert, Tourists Make a Beeline for 'Flowergeddon'», *Washington Post*, 31 de marzo de 2017, <washingtonpost.com/lifestyle/kidspost/out-of-the-califor

nia-desert-tourists-take-a-beeline-for-flowergeddon/2017/03/31/64313c3c-1620-11e7-833c-503e1f6394c9_story.html>.

96. S.-Y. Simon Wang, «How Might El Niño Affect Wildfires in California?», *ENSO* (blog), 27 de agosto de 2014, <climate.gov/news-features/blogs/enso/how-might-el-niño-affect-wildfires-california>.

97. «Chamath Palihapitiya: The #1 Secret to Becoming Rich», Investor Center, 5 de febrero de 2021, vídeo de YouTube, <youtube.com/watch?v=XnleEVXdQsE&ab_channel=InvestorCenter>.

Capítulo 9: Demasiada cantidad, demasiado pronto, demasiado deprisa

98. J. B. S. Haldane, «On Being the Right Size», en *Possible Worlds and Other Essays*, Londres, Chatto & Windus, 1927, p. 18, disponible en <searchworks.stanford.edu/view/8708294>.

99. Robert J. Shiller, «Online Data Robert Shiller», <econ.yale.edu/~shiller/data.htm>.

100. Howard Schultz, circular a Jim Donald, 14 de febrero de 2007, <starbucksgossip.typepad.com/_/2007/02/starbucks_chair_2.html>.

101. Harvey S. Firestone, *Men and Rubber: The Story of Business*, Nueva York, Doubleday, Page & Co., 1926, disponible en <blas.com/wp-content/uploads/2019/07/Men-and-Rubber.pdf>.

102. Peter Wohlleben, *The Secret Wisdom of Nature*, Vancouver, Greystone Books, 2019.

103. Who-Seung Lee, Pat Monaghan y Neil B. Metcalfe, «Experimental Demonstration of the Growth Rate–Lifespan Trade-Off», *Proceedings of the Royal Society B* 280, 2013, 20122370, <royalsocietypublishing.org/doi/pdf/10.1098/rspb.2012.2370>.

Capítulo 10: Cuando se hace la magia

104. Ric Burns, *New York: A Documentary Film*, Nueva York, Steeplechase Films y Nueva York, New-York Historical Society *et al.*, 1999-2003.

105. William Shepherd, «Eyewitness at the Triangle», en Leon Stein, ed., *Out of the Sweatshop: The Struggle for Industrial Democracy*, Nueva York, Quadrangle/New York Times Book Co., 1977, pp. 188-193, disponible en <trianglefire.ilr.cornell.edu/primary/testimonials/ootss_WilliamShepherd.html>.

106. Allen, *The Big Change*.

107. Brad Stone, «How Shopify Outfoxed Amazon to Become the Everywhere Store», *Bloomberg*, 22 de diciembre de 2021, <bloomberg.com/news/features/2021-12-23/shopify-amazon-retail-rivalry-heats-up-with-covid-sparked-online-shopping-booma>.

108. Alexander J. Field, *A Great Leap Forward: 1930s Depression and U.S. Economic Growth*, New Haven (Connecticut), Yale University Press, 2012, p. 7.

109. Administración Federal de Autopistas, «Contributions and Crossroads: Timeline», s. f., <fhwa.dot.gov/candc/timeline.cfm>.

110. Franklin D. Roosevelt, «Campaign Address in Portland, Oregon on Public Utilities and Development of Hydro-Electric Power», 21 de septiembre de 1932, disponible en <presidency.ucsb.edu/documents/campaign-address-portland-oregon-public-utilities-and-development-hydro-electric-power>.

111. Robert Gordon, *The Rise and Fall of American Growth*, Princeton (Nueva Jersey), Princeton University Press, 2016, p. 564.

112. JM, «The Purpose of Life: Nixon», 9 de julio de 2011, vídeo de YouTube, <youtube.com/watch?v=Pc3IfB23W4c&ab_channel=JM>.

113. Andrew Wilkinson, @awilkinson, publicación de Twitter, 26 de abril de 2021, 8:07 am, <twitter.com/awilkinson/status/1386698431905730565?s=20>.

114. Patrick O'Shaughnessy, @patrick_oshag, publicación de Twitter, 17 de julio de 2021, 6:31 am, <twitter.com/patrick_oshag/status/1416390114998198273?s=20&t=n2Yw1L1b657o_69Iyprf7g>.

Capítulo 11: Tragedias inmediatas y milagros a largo plazo

115. Cody White, «'Heart Attack Strikes Ike,' President Eisenhower's 1955 Medical Emergency in Colorado», Archivos Nacionales,

22 de septiembre de 2016, <text-message.blogs.archives.gov/2016/09/22/heart-attack-strikes-ike-president-eisenhowers-1955-medical-emergency-in-colorado>.

116. Taleb, *Antifragile.*

Capítulo 12: Diminuto y magnífico

117. Marc Santore, «Study Finds Snacking Is a Major Cause of Child Obesity», Facultad de Medicina de la Universidad de Yale, 2 de abril de 2010, <medicine.yale.edu/news-article/study-finds-snacking-is-a-major-cause-of-child-obesity>.

118. Carlin, *The End Is Always Near*, p. 148.

119. Matthew Seelinger, «The M28/M29 Davy Crockett Nuclear Weapon System», Army Historical Foundation, <armyhistory.org/the-m28m29-davy-crockett-nuclear-weapon-system>.

120. Serhii Plokhy, *Nuclear Folly: A History of the Cuban Missile Crisis*, Nueva York, W. W. Norton, 2021.

121. Niall Ferguson, *Doom: The Politics of Catastrophe*, Londres, Penguin Books, 2021, pp. 258-262.

122. Jack D. Dunitz y Gerald F. Joyce, «A Biographical Memoir of Leslie E. Orgel, 1927–2007», Washington, D. C., Academia Nacional de las Ciencias, 2013, <nasonline.org/publications/biographical-memoirs/memoir-pdfs/orgel-leslie.pdf>.

123. «Howard Marks—Embracing the Psychology of Investing», 21 de junio de 2021, en *Invest Like the Best with Patrick O'Shaughnessy* (pódcast), <joincolossus.com/episodes/70790270/marks-embracing-the-psychology-of-investing/?tab=transcript>.

Capítulo 13: Júbilo y desesperación

124. Jim Collins, «The Stockdale Paradox», JimCollins.com, <jimcollins.com/media_topics/TheStockdaleParadox.html>.

125. James Truslow Adams, *The Epic of America*, 1931; reimpresión, Nueva York, Routledge, 2017.

126. CNBC Make It, «Bill Gates Wasn't Worried about Burnout in 1984—Here's Why», 25 de febrero de 2019, vídeo de YouTube, <youtube.com/watch?v=MhnSzwXvGfc&ab_channel=CNBC MakeIt>.

127. Paul Allen, *Idea Man*, Nueva York, Portfolio/Penguin, 2011, p. 32.

128. Leah Fessler, «Bill Gates' Biggest Worry as a 31-Year-Old Billionaire Wasn't Apple or IBM», Yahoo! News, 28 de febrero de 2018, <yahoo.com/news/bill-gates-biggest-worry-31-170014556.html>.

Capítulo 14. Víctimas de la perfección

129. Georgy S. Levit, Uwe Hossfeld y Lennart Olsson, «From the 'Modern Synthesis' to Cybernetics: Ivan Ivanovich Schmalhausen (1884–1963) and His Research Program for a Synthesis of Evolutionary and Developmental Biology», *Journal of Experimental Zoology Part B: Molecular and Developmental Evolution* 306, núm. 2, 15 de marzo de 2006, pp. 89-106, <pubmed.ncbi.nlm.nih.gov/16419076>.

130. Richard Lewontin y Richard Levins, «Schmalhausen's Law», *Capitalism Nature Socialism* 11, núm. 4, 2000, pp. 103-108, <tandfonline.com/doi/abs/10.1080/10455750009358943?journalCode=rcns20>.

131. David Leonhardt, «You're Too Busy. You Need a 'Shultz Hour'», *New York Times*, 18 de abril de 2017, <nytimes.com/2017/04/18/opinion/youre-too-busy-you-need-a-shultz-hour.html>.

132. May Wong, «Stanford Study Finds Walking Improves Creativity», *Stanford News*, 24 de abril de 2014, <news.stanford.edu/2014/04/24/walking-vs-sitting-042414>.

133. Charlie Munger, «2007 USC Law School Commencement Address», Facultad de Derecho de la Universidad del Sur de California, Los Ángeles (California), 13 de mayo de 2007, <jamesclear.com/great-speeches/2007-usc-law-school-commencement-address-by-charlie-munger>.

134. Nassim Nicholas Taleb, *The Bed of Procrustes*, Nueva York, Random House, 2010, p. 37.

Capítulo 15: Nadie dijo que fuera fácil

135. Ric Burns, *The Donner Party*, Nueva York, Steeplechase Films, 1992.

136. David Lean, *Lawrence of Arabia*, Culver City (California), Columbia Pictures, 1962.

137. Shane Parrish, «Simple Acts», *Brain Food* (blog), 23 de octubre de 2022, <fs.blog/brain-food/october-23-2022>.

138. *Comedians in Cars Getting Coffee*, temporada 2, episodio 2, «I Like Kettlecorn», 20 de junio de 2013, Crackle.

139. Daniel McGinn, «Life's Work: An Interview with Jerry Seinfeld», *Harvard Business Review*, enero-febrero de 2007, <hbr.org/2017/01/lifes-work-jerry-seinfeld>.

140. «This Is Killing Your Success: Jeff Bezos», *The Outcome*, 14 de febrero de 2021, vídeo de YouTube, <youtube.com/watch?v=sbhY0EyOcqg&ab_channel=TheOutcome>.

141. «Steven Pressfield—How to Overcome Self-Sabotage and Resistance, Routines for Little Successes, and the Hero's Journey vs. the Artist's Journey», 26 de febrero de 2021, *The Tim Ferriss Show* (pódcast), episodio 501, <podcasts.apple.com/us/podcast/501-steven-pressfield-how-to-overcome-self-sabotage/id863897795?i=1000510784746>.

142. Doris Kearns Goodwin, *No Ordinary Time*, Nueva York, Simon & Schuster, 2008, p. 218.

Capítulo 16: Sigue corriendo

143. Henry Fairfield Osborn, «A Biographical Memoir of Edward Drinker Cope, 1840-1897», Washington, D. C., Academia Nacional de Ciencias, 1930.

144. Instituto de Santa Fe, «Bigger Is Better, Until You Go Extinct», nota de prensa, 21 de julio de 2008, <santafe.edu/news-center/news/bigger-is-better-until-you-go-extinct>.

145. April Holladay, «Ant's Slow Fall Key to Survival», *Globe and Mail* (Toronto), 12 de enero de 2009, <theglobeandmail.com/technology/ants-slow-fall-key-to-survival/article4275684>.

146. Morgan Housel, «Crickets: The Epitome of Investing Success», Medium, 10 de marzo de 2016, <medium.com/@TMFHousel/crickets-the-epitome-of-investing-success-9f3bccd2628>.

147. Isadore Barmash, «Market Place; A Sears 'Store of the Future'», *New York Times*, 27 de julio de 1983, <nytimes.com/1983/07/27/business/market-place-a-sears-store-of-the-future.html>.

148. Peter T. Kilborn, «Regan Bids Wall Street Seek Sears's Efficiency», *New York Times*, 11 de junio de 1974, <nytimes.com/1974/06/11/archives/regan-bids-wall-street-seek-searss-efficiency-unmitigated.html>.

149. Morgan Housel, «Risk Is How Much Time You Need», Collab Fund, 30 de marzo de 2017, <collabfund.com/blog/risk>.

150. Leigh Van Valen, «A New Evolutionary Law», *Evolutionary Theory* 1, julio de 1973, pp. 1-30, <mn.uio.no/cees/english/services/van-valen/evolutionary-theory/volume-1/vol-1-no-1-pages-1-30-l-van-valen-a-new-evolutionary-law.pdf>.

Capítulo 17: Las maravillas del futuro

151. «America's Thinking Men Forecast the Wonders of the Future», *Washington Post*, 12 de enero de 1908.

152. *American Experience*, temporada 27, episodio 3, «Edison», 27 de enero de 2015, PBS.

153. Anya Plutynski, «What Was Fisher's Fundamental Theorem of Natural Selection and What Was It For?», *Studies in History and Philosophy of Science Part C: Studies in History and Philosophy of Biological and Biomedical Sciences* 37, 2006, pp. 59-82, <philsci-archive.pitt.edu/15310/1/FundamentalTheorem.pdf>.

154. «January 12—Births—Scientists Born on January 12th», Today in Science History, <todayinsci.com/1/1_12.htm>.

Capítulo 18: Más duro de lo que parece y menos divertido de lo que te imaginas

155. James Baldwin, «The Doom and Glory of Knowing Who You Are», *Life*, 24 de mayo de 1963.

156. David Gelles *et al.*, «Elon Musk Details 'Excruciating' Personal Toll of Tesla Turmoil», *New York Times*, 16 de agosto de 2018, <nytimes.com/2018/08/16/business/elon-musk-interview-tesla.html>.

Capítulo 19: Incentivos: la fuerza más poderosa del mundo

157. Emmett Malloy, *Biggie: I Got a Story to Tell*, Los Gatos (California), Netflix, 2021.

158. Yevgueni Yevtushenko, «Career», Goodreads, <goodreads.com/quotes/1265237-career-galileo-the-clergy-maintained-as-a-pernicious-and-stubborn>.

159. *Drug Lords*, temporada 2, episodio 1, «El Chapo», 10 de julio de 2018, Netflix.

160. «Cult's Telescope Couldn't Find UFO», *Chicago Tribune*, 1 de abril de 1997, <chicagotribune.com/1997/04/02/cults-telescope-couldnt-find-ufo>.

161. Jill Lepore, *These Truths*, Nueva York, W. W. Norton, 2018, pp. 412-413.

162. Heather Lyu *et al.*, «Overtreatment in the United States», *PLoS One* 12, núm. 9, 2017, e0181970, <ncbi.nlm.nih.gov/pmc/articles/PMC5587107>.

163. *The Daily Show*, temporada 14, episodio 36, «Jim Cramer», 12 de marzo de 2009, Comedy Central.

Capítulo 20: Ahora lo entiendes

164. John Edgar Hoover, circular al señor Tamm, 22 de noviembre de 1934, <vault.fbi.gov/smedley-butler/Smedley%20Butler%20Part%2001%20of%2002>.

165. «Gen. Butler Bares 'Fascist Plot' to Seize Government by Force», *New York Times*, 21 de noviembre de 1934, <nytimes.com/1934/11/21/archives/gen-butler-bares-fascist-plot-to-seize-government-by-force-says.html>.

166. *Comedians in Cars Getting Coffee*, temporada 6, episodio 5, «That's the Whole Point of Apartheid, Jerry», 1 de julio de 2015, Crackle.

167. Eric A. Johnson y Karl-Heinz Reuband, *What We Knew: Terror, Mass Murder, and Everyday Life in Nazi Germany*, Nueva York, Basic Books, 2006, p. 156.

168. Varlam Shalámov, «Forty-Five Things I Learned in the Gulag», *Paris Review*, 12 de junio de 2018, <theparisreview.org/blog/2018/06/12/forty-five-things-i-learned-in-the-gulag>.

169. Stephen Ambrose, *Citizen Soldiers*, Nueva York, Simon & Schuster, 1998.

170. Pew Research Center, «Public Trust in Government: 1958–2022», 6 de junio de 2022, <pewresearch.org/politics/2022/06/06/public-trust-in-government-1958-2022>.

171. *Tamborine*, dirigida por Bo Burnham, Los Gatos (California), Netflix, 2018.

172. Andrew Chaikin, *A Man on the Moon*, Nueva York, Viking, 1994.

Capítulo 22: Intentarlo con demasiado ímpetu

173. Barak Goodman, *Cancer: The Emperor of All Maladies*, Brooklyn (Nueva York), Ark Media, 2015.

174. Goodman, *Cancer*.

175. Edsger W. Dijkstra, «The Threats to Computing Science», conferencia pronunciada en el congreso ACM 1984 South Central Regional Conference, Austin (Texas), 16-18 de noviembre de 1984, <cs.utexas.edu/users/EWD/transcriptions/EWD08xx/EWD898.html>.

176. Samuel Wendell Williston, *Water Reptiles of the Past and Present*, Chicago, University of Chicago Press, 1914, <archive.org/details/waterreptilesofp00will/page/172/mode/2up>.

177. W. K. Gregory, «Polyisomerism and Anisomerism in Cranial and Dental Evolution among Vertebrates», *Proceedings of the National Academy of Sciences of the United States of America* 20, núm. 1, enero de 1934, pp. 1-9, <semanticscholar.org/paper/Polyisomerism-and-Anisomerism-in-Cranial-and-Dental-Gregory/d683d13e9fbc5ea44b533cb73678c6c2f7941dea?p2dfJordan>.

178. John T. Reed, *Succeeding*, autopublicado, John T. Reed Publishing, 2008.

179. Stephen King, *On Writing: A Memoir of the Craft*, Scribner, Nueva York, 2000.

180. Jordan Ellenberg, «The Summer's Most Unread Book Is...», *Wall Street Journal*, 3 de julio de 2014, <wsj.com/articles/the-summers-most-unread-book-is-1404417569>.

181. Thomas McCrae, «The Method of Zadig in the Practice of Medicine», discurso pronunciado en el encuentro anual de la Asociación de Médicos de Canadá, St. John (Nuevo Brunswick), 7 de julio de 1914, <ncbi.nlm.nih.gov/pmc/articles/PMC406677/pdf/canmedaj00242-0027.pdf>.

Capítulo 23: Las heridas se curan, las cicatrices permanecen

182. Geoffrey Roberts, *Stalin's Wars: From World War to Cold War, 1939-1953*, New Haven (Connecticut), Yale University Press, 2006, pp. 4-5.

183. Tokuaki Shobayashi, «History of Nutrition Policy in Japan», *Nutrition Reviews* 78, supl. 3, diciembre de 2020, pp. 10-13, <academic.oup.com/nutritionreviews/article/78/Supplement_3/10/6012429>.

184. Rand Corporation, «Lasting Consequences of World War II Means More Illness, Lower Education and Fewer Chances to Marry for Survivors», nota de prensa, 21 de enero de 2014, <rand.org/news/press/2014/01/21/index1.html#:~:text=The%20study%20found%20that%20living,more %20likely%20to%20have%20depression>.

185. Allen, *The Big Change*, p. 148.

186. Iván P. Pávlov, «Conditioned Reflexes: An Investigation of the Physiological Activity of the Cerebral Cortex», conferencia XVIII, 1927, traducción de G. V. Anrep, Classics in the History of Psychology, marzo de 2001, <psychclassics.yorku.ca/Pavlov/lecture18.htm>.

187. Pávlov, «Conditioned Reflexes: An Investigation of the Physiological Activity of the Cerebral Cortex», conferencia XXIII, 1927, traducción de G. V. Anrep, Classics in the History of Psychology, julio de 2001, <psychclassics.yorku.ca/Pavlov/lecture23.htm#:~:text=Different%20conditions%20productive%20of%20extreme,in%20nervous%20and%20psychic%20activity>.

188. Hamilton Fish Armstrong, «Europe Revisited», *Foreign Affairs*, julio de 1947, <foreignaffairs.com/articles/europe/1947-07-01/europe-revisited>.

189. *Postwar: A History of Europe Since 1945*, Nueva York, Penguin Press, 2005.

190. Ta-Nehisi Coates, «War and Welfare Went Hand in Hand», *Atlantic*, 4 de noviembre de 2013, <theatlantic.com/international/archive/2013/11/war-and-welfare-went-hand-in-hand/281107.

Preguntas

191. Doris Kearns Goodwin, *No Ordinary Time*, Nueva York, Simon & Schuster, 2008.

Acerca del autor

Morgan Housel es un importante analista económico y fue durante años uno de los columnistas estrella del *Wall Street Journal*. Es experto en Behavioral Investing y socio de The Collaborative Fund, una empresa de capital de riesgo que apoya jóvenes negocios que están haciendo avanzar al mundo. Ha sido dos veces ganador del Best in Business Award, así como dos veces finalista del Gerald Loeb Award, galardones que reconocen la excelencia en el periodismo en los campos de los negocios, las finanzas y la economía. Es autor de *La psicología del dinero*, obra de referencia internacional.